O Poder dos Doze
RAIOS CÓSMICOS
E SEU TRIÂNGULO DE MISSÃO

MÁRCOS LATÀRE E VALDIVIÁH LÂTARE

O Poder dos Doze
RAIOS CÓSMICOS
E seu Triângulo de Missão

© Copyright – Valdiviáh Lâtare e Márcos Latàre

Capa: Décio Lopes
Diagramação: Décio Lopes
Ilustração da capa: Marcos Antonio Latare
Revisão: Rosemarie Giudilli Cordioli

DADOS INTERNACIONAIS DE CATALOGAÇÃO NA PUBLICAÇÃO

Lâtare, Valdiviáh; Latàre, Márcos

O Poder dos Doze Raios Cósmicos e seu Triângulo de Missão – 2ª edição. São Paulo, Editora Alfabeto, 2023.

ISBN: 978-85-98736-50-1

1. Grande Fraternidade Branca   2. Mestres Ascensos   I. Título

Todos os direitos sobre esta obra estão reservados à Autora, sendo proibida sua reprodução total ou parcial ou veiculação por qualquer meio, inclusive internet, sem autorização expressa por escrito.

www.crisostelar.com.br
Email: central@crisostelar.com.br

EDITORA ALFABETO
Rua Protocolo, 394 | CEP 04254-030 | São Paulo/SP
e-mail: editorial@editoraalfabeto.com.br
Tel: (11) 2351-4720 | (11) 2351-5333
www.editoraalfabeto.com.br

SUMÁRIO

Sumário 5

Conceito 7

Os Doze Raios e o Triângulo Cósmico 9

Os Doze Raios Cósmicos 12

Orações Santas para Ligação com o Pai 21

Gênese e Cosmogonia dos Raios e o Momento da Criação 28

Ação dos Sete Raios e os Chacras do Planeta Terra 30

Forças dos Doze Raios para a Iluminação Cósmica 39

Os Doze Raios e suas Hierarquias Cósmicas 46

Reparação das Influências de Vidas Passadas com
Palavras-Chaves nos 12 Signos, para Elevação de sua Alma 51

Os Raios e os Caminhos da Árvore da Vida 56

Os Doze Meses e a Influência que cada um pode
Oferecer para a Correção do Ser Humano 61

O Caminho Segundo a Cabala Santa 83

A Vida Humana e seu Tempo 88

A Explicação dos 12 Discípulos 103

A Cabala e a Astrologia 106

As Doze Tribos em Resumo 110

O Segredo dos Raios Divinos........................ 125

Os Raios e Forma de Atuação...................... 128

Instruções para os Rituais a Serem Realizados........................ 133

Oráculo......................... 138

Numerologia e Cronologia dos Raios........................ 144

Rituais ou Cerimoniais........................ 152

Atrair as Chaves Fundamentais com
Ajuda dos Arcanjos Amigos........................ 162

As Quatro Adorações........................ 168

Mensagem de Luz........................ 178

Glossário........................ 181

Referência Bibliográfica........................ 183

Conceito

O que vem a ser Triângulo Cósmico, senão a *Natureza Trina do Homem*. Cada um de nós tem uma linha de correspondência direta e íntima com o Criador, para a manifestação da vontade do poder de amar, para que sua personalidade descubra que na vida a energia do Amor é essencial para que sua alma aprenda a expressão ativa e inteligente do amor.

Desse modo temos na Trindade Divina e na Trindade Humana, o seguinte :

DEUS UM ....ALMA UNA
Pai..Pensamento, consciência
Filho ....Palavra, verbo
Espírito Santo.......................Gesto, ação

Significa dizer que cada ser humano encarnado neste planeta tem uma trindade divina, composta do princípio ativo da Sabedoria, da Compreensão jorrando da Coroa Superior de Luz.

Essa Tríade ou natureza trina divina é a segunda grande lei pela qual a Vontade do Absoluto, através da Coroa, cria os acontecimentos, o que por sua vez nos conduzem a uma terceira lei, a da sequência, que vem a se desenvolver como resultado criativo da expressão divina.

Portanto, com a realização do Triângulo Cósmico, o ser humano voltará a interagir com o Divino, como expressão infinita de seu Amor Incondicional, em que o espírito se regozijará nesta realização.

Os Doze Raios e o Triângulo Cósmico

Assim como no Livro *O Seu Raio Cósmico de Missão*, o objetivo do Bem-Amado Mestre El Morya foi nos mostrar o que temos nesta vida e em cada reencarnação para equilibrarmos o carma com as pessoas com as quais nos conectamos na vida, bem como a consciência da Hierarquia com a qual podemos contar.

Eu diria que o Triângulo Cósmico é uma oportunidade da vontade divina do Bem-Amado Mestre El Morya, dos Mestres Ascensos e especialmente dos Senhores do Carma, que tanto nos amam, protegem e nos guardam vida após vida, ao nos depararmos com nosso Raio Cósmico e nosso Triângulo Cósmico.

Os Senhores da Sabedoria Divina nos mostram ainda que de forma contrária ao que acreditamos, estamos em condições de lidar com o próprio fardo cármico, bastando decidir fazê-lo, sem se revoltar contra a Grande Lei de Deus nem contra si próprio ou contra outrem. Tudo é uma questão de compreensão. Todas as desqualificações de nossa vida são criadas por nós próprios, mas com as Bênçãos de Deus e ajuda da Hierarquia de Luz é possível realizar, por meio da transmutação, da dedicação a um serviço de Luz e do Amor até mesmo as experiências mais dolorosas.

É preciso, pois, deixar bem claro que não basta apenas conhecer seus Raios, as qualidades divinas, as hierarquias que estão prontas para te abençoar ainda mais. É necessário acessar, compreender, praticar as sugestões e também não encarar como se fosse somente isso a fazer e tudo certo. Lembrar que o segredo é não cair nas armadilhas do Carma, como por exemplo, a cegueira espiritual, o comodismo. É muito fácil colocar o dedo no nariz de outra pessoa, acusar, julgar, apontar os erros dela, mas quando se trata de si mesmo, pura e total cegueira espiritual. E nem nos damos conta das consequências e, às vezes, acaba por ser tarde demais.

Em mensagens, inclusive de Nossa Senhora ao mundo, ela fala como sempre falou em todas as suas profecias, que se observarmos atentamente o carma, ele pode ser vencido, derrotado. Podemos sim derrotar o carma, utilizando-nos das ferramentas de Luz, mencionadas em muitas línguas em suas mensagens de aparição. Que a Humanidade rezasse o rosário e se autoiluminasse. E sempre deixou bem claro que esta história de carma pode ser inevitável, se nada for feito para ser transcendido, assim ele ocorre seja na vida pessoal ou coletiva do Planeta. Nem é preciso citar os acontecimentos atuais, ou seja, há pessoas e até uma boa parte da Humanidade que vivencia o carma desde que nasce até a desencarnação, tudo por não aceitar as oportunidades que Deus oferece para mudar. Recordo-me agora dos estudos e ensinamentos bíblicos: *Tudo o que o homem semear, também ceifará*, que está escrito em Gálatas: 6,7.

Tudo o que creio, e disto estou convicta, é que a Lei de Causa e Efeito existe, está em movimento, porque é o próprio fluxo da energia cósmica, mas também estou certa de que o carma do passado pode ser mudado, esteja longe ou perto. É preciso abraçar as dádivas de oportunidades que Deus Pai nos oferta, tal qual é o trabalho com os Raios Cósmicos. Cada raio tem sua Dádiva Divina, cheia de oportunidades a oferecer e são muitas e um pouco delas está nestes livros *Seu Raio Cósmico de Missão* e *O Poder dos Doze Raios Cósmicos e Seu Triângulo de Missão* para que você simplesmente assuma sua responsabilidade cósmica aqui na Terra, pelo País, pelo Planeta, começando evidentemente pela própria vida. Mas, lembrem-se almas irmãs, não se vai a lugar algum se não for pela prática com o Cristo. Temos de recitar o mantra *Tudo posso naquele que me fortalece. O Senhor é meu pastor e nada me faltará.*

Para quem deseja trabalhar bem mais com os ensinamentos de Jesus Cristo – o Mestre dos Mestres – recomendamos também o livro *Quaresma, Quarenta dias com Jesus Cristo*, fazendo assim a sua quaresma pessoal para bem mais compreender o que Ele quer de você, como diríamos, te levar a compreender e a aceitar sua responsabilidade, aceitar sua liberdade, sua capacidade e te ajudar a tomar posse da imagem e semelhança que você é com Deus, Nosso Pai.

Acredite em Deus e no cumprimento de Sua Santa Vontade, tudo é possível.

Os Doze Raios Cósmicos

Doze, segundo Pitágoras, é o número perfeito, resultado harmonioso do Três como unidade cósmica em essência.

Doze, o número em que Deus se completa.

Cabalisticamente, doze representa a conclusão cíclica.

Na Mitologia grega, Doze Titãs, os primeiros deuses a governar o mundo desde o Grande Monte Olimpo.

Os doze trabalhos de Hércules, severos testes probatórios.

Doze Tábuas de Leis escritas no Império Romano.

Doze patriarcas de Seth a Noé.

Doze de Sem a Jacó.

Doze Filhos de Jacó.

Doze Tribos que Governam Israel.

Doze Patriarcas presidiram a Igreja Cristã.

Doze pedras preciosas no peitoral dos Sacerdotes.

Doze anos de idade. O Nazareno fala pela primeira vez no Templo sobre o Governo de Deus.

Doze Apóstolos de Cristo.

Doze irmãos de São Francisco de Assis, "Irmãos de Fé".

Doze Discípulos mencionados por Gautama Buda em seu último discurso.

Doze Bodhisatvas, seres iluminados, que os Hindus possuem.

Doze cavaleiros da Távola Redonda do Rei Arthur.

Doze meses na maioria dos calendários.

Doze portas abertas para entrar na Nova Jerusalém.

Doze sentidos do Adam Kadmon, o Ser Humano Perfeito.

Doze Signos do Zodíaco.

Doze Raios de Luz.

Doze Constelações.

Doze Luas Novas.

Doze Meses.

Doze letras (Código do DNA).

Doze Estandartes do Nome Poderoso de Deus.

Doze Bilhões de Anos Luz de distância da Terra.

Doze Portas da Cidade Celestial.

Doze Músicas Sagradas para purificação.

Doze pétalas do Chacra do Coração.

Doze Câmaras da Consciência.

Doze Sephirots.

Doze meridianos de acupuntura.

Doze pares de Nervos cranianos.

Doze nervos do mesencéfalo.

Doze permutações do Nome Sagrado de Deus.

Doze caminhos horizontais da Árvore da Vida e 12 letras hebraicas que os ligam.

O Caminho Óctuplo e as quatro nobres verdades de Buda (12).

De acordo com a Cabala, Abraão sabia da existência de forças semelhantes ao DNA que permeiam toda a realidade em todos os níveis e que essas forças combinadas, de diferentes formas e maneiras, são responsáveis pela criação dos Seres Humanos na Terra, dos Planetas que ocupam nosso sistema solar e das partículas que habitam o mundo subatômico.

Assim, conforme nos diz o Bem-Amado Mestre Ascenso El Morya Khan, nome atual de Abraão, Nosso Patriarca, o DNA espiritual em nossas almas é transferido a cada um de nós por meio de um mecanismo muito precioso e complexo – os planetas de nosso Sistema Solar. Estes planetas são os instrumentos por meio dos quais o DNA ESPIRITUAL de uma pessoa é impresso na alma. A natureza exata da impressão é determinada pelo momento exato do nascimento e o arranjo correspondente (configuração) dos planetas e estrelas, bem como, também se determina pelo dia, mês e ano do nascimento a sua missão na Terra.

O Bem-Amado Abraão compôs o *Livro da Formação* e nele apresentou o projeto da Sabedoria Cabalística, usando o sistema das Dez emanações luminosas. Ele pode descrever o funcionamento do nosso Sistema Solar e de nossa Galáxia conforme conhecemos hoje. Abraão sabia da existência das forças do DNA e de outras forças semelhantes ao DNA, de suma importância, gravadas e contidas em nosso Código Genético.

Podemos não nos lembrar de tudo aquilo que já vivemos em outras vidas, mas está tudo gravado no DNA das células e por isso, de alguma forma, está tudo pré-estabelecido em nossos genes, toda a informação de tudo que vamos viver neste mundo, inclusive as predisposições para algumas doenças, entre alguns acontecimentos os quais podem repentinamente nos abater durante o curso de nossas vidas. Do mesmo modo as nossas características são determinadas e regidas pelos genes. Assim, a influência do dia, mês, ano, planeta, signo, cor determinam nossa personalidade, nossas ações, escolhas, obstáculos, inclusive a influência de vidas passadas.

Esperamos que estas informações ajudem a expandir o canal receptor que você é e a gerar energia espiritual para ser aquele Ser Divino que você realmente é. Estas informações têm o objetivo de ajudar cada um a fazer a correção na personalidade, trazendo Luz no cumprimento de sua missão na Terra, manifestando assim o Amor contido no DNA da sua alma.

Por intermédio do nosso Raio Cósmico de Missão o caminho nos é revelado, o trabalho que devemos fazer em nós mesmos, enquanto o "Triângulo Cósmico de Missão" assegura mantermo-nos no rumo, sem desvios, pois por meio dos raios aos quais pertencemos neste "Triângulo Cósmico", referentes a aspectos de nós – personalidade, manifestação e alma – há uma descrição da bagagem que trazemos conosco de vidas anteriores e também o caminho da correção no momento presente. Portanto, Seu Raio Cósmico de Missão e Seu Triângulo Cósmico são chaves para os portais da autorrealização.

Nós Somos a Luz do Mundo, disse o Bem-Amado Mestre Jesus, o Cristo. Fomos criados para sermos receptores, para recebermos Luz aos poucos, à medida que evoluirmos, mesmo porque não suportaríamos de uma só vez, bastando para entender o que dizemos, uma única experiência, bastando analisar a natureza como funciona, ou seja, energia na quantidade certa em tudo e para tudo.

Sempre amei as estrelas, sempre as contemplei, sempre soube que elas contêm muitas informações, assim também os Planetas, e, agora, tenho plena convicção disto.

Conectar com todas estas Maravilhosas Luzes é o nosso objetivo e podemos fazê-lo, aqui e agora, nesta vida, pois esta é a grande oportunidade que o Criador nos oferece a cada instante de vida. Por isso, sem querer abordar mais fundo a astrologia, mesmo porque não se trata de tal até mesmo por me faltar conhecimentos mais amplos sobre esta Ciência, vamos então abordar a configuração astrológica envolvendo o mês, signos, planetas, as características escuras e a Luz que recebemos dos diferentes meses e signos, cada um tendo a sua própria força e fraqueza. E nós recebemos tais influências, assim como a Luz, e pela experiência que tenho tido no contato com pessoas em geral, Almas de Luz, de todos os signos, consequentemente Raios, que posso afirmar seguramente o quanto o mês, o dia, o ano, o signo sob o qual nascemos exercem influência e forte em nossas vidas e em nossa peregrinação pelo Planeta.

Podemos afirmar ainda, que segundo os ensinamentos da Grande Fraternidade Branca e da Cabala Sagrada, com segurança, informam que tudo acontece a partir da concepção e mais ainda a partir do momento do nascimento em que a Alma entra no corpo físico, lembrando que cabe a nós realizar a escolha dentre os caminhos que se apresentam desde o início de nossa vida.

Tenho convicção íntima e plena certeza de que dentro de nós há muitas forças em movimentação. Algumas estão mais claras e acessíveis e outras nem tanto, isto para representar justamente os nossos desafios, mas devemos crer que o Grande Senhor, nosso Pai Celeste, tem um propósito para cada um de seus filhos e filhas e quando buscamos verdadeiramente um Caminho de Luz, Ele, o Pai, nos envia a ajuda que precisamos, abrindo mais o Portal de nossa Consciência Crística e, então, vem a ajuda de nosso próprio Eu Superior.

Cada um de nós nasceu sob diversas configurações celestes e temos um padrão absolutamente original, bastando nos tornar conscientes de nós mesmos, o encontro com o EU SOU e com os Raios do nosso Raio Cósmico de Missão e de Nosso Triângulo Cósmico de Missão, que nos dotam de compreensão quanto ao nosso lugar neste mundo.

Ao conhecer um pouco sobre os Raios Cósmicos, suas qualidades, e a respeito dos Bem-Amados Chohans, Arcanjos e Elohim, nós perceberemos a influência que eles exercem em nossas vidas (no aspecto benéfico sempre) e tudo isso está fundamentada em uma verdade antiga e eterna. Não se trata de alguma novidade ou nova invenção.

É chegada a hora!

Chegada a Hora de ser consciente, se ainda você não o é. *Eu e Meu Deus Pai/Mãe Somos Um. Meu Pai trabalha até agora e Eu trabalho também.* É a grande hora de nos livrarmos de todos os nossos medos, bloqueios do passado desta e de outras existências e dessa forma seguir em frente, a fim de reivindicar o nosso Lugar Divino, conforme a promessa do Bem-Amado Jesus, o Cristo: *Bem-Aventurados os limpos de coração, porque eles verão a Deus.*

Principalmente, serão abençoados aqueles que estiverem firmes e resolutos em seu coração. Verão a Deus todos que estiverem alinhados com o Uno, pois estas vidas irradiam do âmago do seu Ser o Amor.

O "Momentum" é agora de se alinhar com o Uno. Encontrar a morada na respiração que pertence ao reino interior. Alinhar-se com a Fonte e viver respirando Unidade. Passar a ser o EU SOU, Eu posso no Poder Divino. Alinhar-se aos seus princípios, normas, ideais e deixar-se guiar pela Luz Divina e ser elevado pelo Legislador Cósmico de toda Luz Universal Infinita.

É a grande hora de se alinhar com a Integridade e ser íntegro e resistente à corrupção, fazendo com que o hálito da respiração crie uma esfera luminosa e tão somente ouvir a voz que vem da Palavra Universal e sentir o poder da Terra para cumpri-la com as suas próprias mãos, e curado apenas devotar-se à União com o Espírito do EU SOU. Isso é o alinhamento e o reconhecimento de que do Pai Celestial faz nascer toda a vontade reinante sobre a Terra e sobre nossas vidas, pois dele é o Reino, o Poder e a Glória para todo o sempre.

O poder de ação da força divina gera e sustenta toda a vida e toda virtude que, a partir da glória do nascimento, quer o Pai Celestial que todos os seus filhos e filhas sejam o solo fértil onde possa crescer todas as Suas ações.

É a grande hora de nos selar na Confiança e na Fé e dançarmos embalados pela canção que se renova de idade em idade e a tudo embeleza, ao nos alinharmos com o Cosmos e vibrarmos em Harmonia, em energia gloriosa. Nos ideais de cada Raio de Luz sua jornada terrestre permanece em Harmonia com as Nações, Planetas, tempo e espaço e com todos os seres viventes.

Espero, pois, que com estas informações contidas neste livro, de todo o meu coração, que a Força Criadora do Pai e Mãe do Cosmos focalize a Luz deles dentro de cada um de nós, tornando possível que a nossa luz seja mais útil. E que essa luz, ao se expandir, desfaça os laços dos erros que nos prendem, assim também possamos soltar as amarras com as quais prendemos, aprisionamos a culpa de nossas almas irmãs. Que a Luz do Grande Amoroso Inefável, Pai de Todas as Paternidades não permita que as coisas superficiais deste mundo continuem a nos iludir e enganar.

As últimas palavras do Bem-Amado Mestre Jesus, o Cristo, no Sermão da Montanha foram: *Regozijai-vos e exultai, porque o vosso galardão é copioso nos Céus, pois assim perseguiram os profetas antes de vós.* Jesus não está simplesmente nos alimentando com pensamentos positivos, mas nos dando a chave maior do alinhamento de um movimento interno grandioso, fazendo com que todo o processo interno de transformações assuma o poder da Presença EU SOU, permitindo que o ego se torne "sutil".

Tudo o que aqui é revelado pode ajudar a fazer a conexão interna e auxiliar aquele que está preparado verdadeiramente a encarar a vida com todo o coração. Podemos assim fazer as coisas certas, às vezes não, mas sem a necessidade das desculpas, por sermos parte da herança profética e mística que Jesus Cristo renovou. A presença de Deus em todas as coisas, a Abundância Divina está presente no Universo independentemente de nossas ações, e ele está lá. Mas quando nos alinhamos tudo se torna mais claro e palpável, tangível. Você se torna um receptor e doador das Bem-Aventuranças.

Há de se compreender, em primeiro plano, reconhecer que é natural certo grau de desencorajamento que ocorre com todos nós, vez ou outra, mas também é um lembrete de nosso irmão, o Mestre Maior, para que nos voltemos ao interior, para dentro a fim de nos renovar antes de prosseguirmos a nossa peregrinação sobre e para a Terra. Lembrar-nos sempre que temos uma parceria com os Céus.

Bem, tudo o que se precisa de fato é injetar uma dose de luz, de honestidade, de coragem e buscar examinar todos os cantinhos ocultos de nós mesmos. Incorporar aos poucos toda informação que possa nos ajudar; não nos negar nada, absolutamente nada perante as características de influência que acharmos que coincidem com nossa personalidade, conforme as informações dos Raios Cósmicos e aceitar a nós próprios como somos para depois, com serenidade, poder viver esse Amor e aceitação de si para com o outro.

E quando assim estiver agindo, a sua pequena parte de Trabalhador (a) da Luz fará um mundo diferenciado à sua volta e aos que tiverem a graça de receber a irradiação do seu Amor e da sua Luz.

Não é fácil. Exige muita oração e vigilância para encontrar, depois permanecer no Caminho de Luz mais ainda, manter atenção no centro espiritual, aconteça o que acontecer ao seu redor, e ter como objetivo o cumprimento de sua missão, que é fundamental para arregimentar força.

Acredite! Jesus Cristo disse: *Abençoados serão os fracos, pois herdarão a Terra.* Então, tornai suave o que por dentro é rígido e recebei o vigor físico e a força do Universo. O Senhor, o Eterno, vos conceda o pão de cada dia, a sagrada e verdadeira Sabedoria Superior. Mantenha a Fé.

Vamos ao Caminho do EU SOU.

ORAÇÕES SANTAS PARA LIGAÇÃO COM O PAI

PAI NOSSO DO EU SOU

Pai nosso que estás nos céus

Santificado seja o teu nome EU SOU

Eu sou teu reino manifestado

Eu sou a vossa vontade que está sendo cumprida

Eu sou na terra assim como nos céus

A todos eu dou hoje o pão de cada dia

Eu perdoo neste dia a toda vida

E eu sou o perdão que ela me estende

Eu afasto todo homem das tentações

Eu liberto todo homem de qualquer situação nefasta

Eu sou o reino,

Eu sou o poder e

Eu sou a glória de Deus em manifestação

Eterna e imortal

Tudo isto eu sou!

Pai Nosso em Hebraico

AVINU SHEBA SHAMAYYIM
Pai nosso que estás nos céus

YITKADASH SHEMAYCHA
Santificado seja o Vosso (Divino) Nome

TAVO MALKUTAICHA
Que Teu reino venha

YE –ASSEH RETZONCHA
Fazei que vossa vontade tome lugar

K'MO BA-SHAMAYYIM KAIN BA-ARETZ
Assim nos Céus como na Terra

ET LECHEM HUKAYNU TEN-LONU HA-YOM
Dai-nos hoje o pão de cada dia

U-SLACH LONU ET HOVOTHEYNU
Perdoai os nossos pecados (limitações divinas)

KA'ASHER SOLACHNU GAM ANACHNU L'HAYAVAYNU
Assim como nós também perdoamos os pecados dos nossos devedores

VIH-AL TIVI-AYNU LI-Y'DAY NISA-YON
E não nos conduza para a mão da tentação

KEE IM HAL –TZAYNU MIM HARAH
Mas livrai-nos do mal (os fracos)

AMÉM! AMÉM! AMÉM! AMÉM!

PAI NOSSO BÍBLICO

(Lucas: 11-1 e Mateus: 6,9-13) Bíblia de Jerusalém

Pai Nosso, que estás nos céus,

Santificado seja o Teu Nome

Venha o teu Reino

Seja feita a Tua Vontade

Tanto na Terra como no Céu

O pão nosso de cada dia dá-nos hoje

E perdoa-nos as nossas dívidas

como também nós perdoamos aos nossos devedores

E não nos submeta à tentação

Mas livra-nos do maligno

Porque a ti pertencem o Reino, e o Poder e a Glória pelos séculos

Amém!

Pai Nosso em Aramaico

ܐܒܘܢ ܕܒܫܡܝܐ

Pai nosso que estás nos céus

Abwund'bwashmaya

(Pronúncia)Avundbâshmâya

ܢܬܩܕܫ ܫܡܟ

Santificado seja o teu nome

Nethqadashshmakh

NitqâdâshShmakh

ܬܐܬܐ ܡܠܟܘܬܟ

Venha o teu reino

Teyteymalkuthakh

TêtêMâlkuthâkh

ܢܗܘܐ ܨܒܝܢܟ

Seja feita a tua vontade

Nehweytzevyanach

NêhuéTsivyanakh

ܐܝܟܢܐ ܕܒܫܡܝܐ ܐܦ ܒܐܪܥܐ

Assim na Terra como no Céu

aykanna d'bwashmayaaphb'arha

Âykânad'BâshmâyaApBâraà

ܗܒ ܠܢ ܠܚܡܐ ܕܣܘܢܩܢܢ ܝܘܡܢܐ

O pão nosso de cada dia nos dai hoje

Hawvlanlachmad'sunqananyaomana

HâvLânLâkhma d'SunqanânYaumana

ܘܫܒܘܩ ܠܢ ܚܘܒܝܢ

E perdoa-nos as nossas dívidas

Washboqlankhaubayan

UâshvoqLânKhaubâyn

ܐܝܟܢܐ ܕܐܦ ܚܢܢ ܫܒܩܢ ܠܚܝܒܝܢ

Assim como nós também temos perdoado aos nossos devedores

aykanadaphkhnanshbwoqanl'khayyabayn

ÂykânaDapKhnânShuvaqanL'Khâyabâeyn

ܘܠܐ ܬܥܠܢ ܠܢܣܝܘܢܐ

E não nos deixes entrar em tentação

Welatahlanl'nesyuna

UlaTâ'lânLenisyouna

ܐܠܐ ܦܨܢ ܡܢ ܒܝܫܐ

Mas livra-nos do mal

Elapatzan min bisha

ÊlaPâtsan Min Bisha

ܡܛܠ ܕܕܝܠܟ ܗܝ ܡܠܟܘܬܐ

Porque teu é o reino

Metoldilakhiemalkutha

Mêtol D'dilakhiMâlkhuta

ܘܚܝܠܐ ܘܬܫܒܘܚܬܐ ܠܥܠܡ ܥܠܡܝܢ

E o poder e a glória para todo o sempre

wahaylawateshbukhtal'ahlamalmin

UkhâylauThishbokhtaL'alâm 'almin

ܐܡܝܢ

Amém

Ameyn

Ameyn

Senhor perdoa-me se não rezo a oração que teu filho nos ensinou, pois me julgo indigno de tão bela mensagem. Refleti sobre esta oração e cheguei a conclusões:

Para dizer "Pai Nosso", antes devo considerar todos os homens, independentemente de sua cor, raça, religião, posição social ou política, como meus irmãos, pois eles também são teus filhos; devo amar e proteger a natureza e os animais, pois tu és meu pai, também és meu criador, e quem criou a mim também criou a natureza.

Para dizer "que estais no céu", devo antes fazer uma profunda análise em minha consciência, procurando lembrar-me de quantas vezes te julguei como um celestial pai, pois na realidade sempre vivi me preocupando com coisas materiais.

Para dizer "santificado seja o vosso nome", devo antes verificar se não cometi sacrilégios ao adorar outros deuses até acima de ti.

Para dizer "venha a nós o vosso reino", devo antes examinar minha consciência e procurar saber se não digo isto apenas por egoísmo, querendo de ti tudo, sem nada em troca.

Para dizer "seja feita a vossa vontade", devo antes buscar meu verdadeiro ser e deixar de ser um falso cristão, pois a tua vontade é a união fraternal de todos os seres que criastes.

Para dizer "assim na Terra como no Céu", devo antes deixar de ser mundano e me livrar dos desenfreados prazeres, das orgias, orgulho e egoísmo.

Para dizer "o pão nosso de cada dia nos dai hoje", devo antes repartir o pão que já me destes com os meus irmãos mais carentes e necessitados, pois é dando que se recebe; é amando que se é amado.

Para dizer "perdoai as nossas ofensas, assim como temos perdoado a quem nos tem ofendido", devo antes verificar se alguma vez tornei a estender minha mão àquele que me traiu; se alimentei aquele que me tirou o pão; se dei esperanças e acalentei aquele que me fez chorar; pois só assim terei perdoado aquele que me ofendeu.

Para dizer "e não nos deixes cair em tentação, mas livrai-nos do mal", devo antes deixar limpo o foco de meus pensamentos; amparar a mão estendida; socorrer o pedido de aflição; alimentar a boca faminta; iluminar os cegos e amparar os aleijados, ajudando a construção de um mundo melhor.

E, finalmente, para dizer "amém", deverei fazer tudo isso, agradecendo ao meu Criador, cada segundo de minha vida, como a maior dádiva que poderia receber.

No entanto Senhor, embora procure assim proceder, ainda não me julgo suficientemente forte, no intuito de tudo isto vos prometer e cumprir.

Perdoa-me, Senhor Pai, porém minha perfeição a tanto ainda não chegou.

Como Orar?

Está escrito: *Mas tu, quando orares, entra no teu aposento e fechando a tua porta, ora a Teu Pai que vê o que está oculto, e Teu Pai, que vê o que está oculto, te recompensará.* (Mateus 6).

Atentem para que, o Segredo da Oração é a Oração em segredo.

Gênese e Cosmogonia dos Raios e o Momento da Criação

1º Raio: No Princípio, criou Elohim a coletividade das Divinas Potências, a Essência do Céu e da Terra.

2º Raio: Mas a Terra não existia ainda, a escuridão a encobria face ao Infinito (isto é, sobre a matéria-prima homogênea).

3º Raio: E disse Elohim: Haverá Luz (espiritual) e houve Luz.

4º Raio: E considerando Elohim esta essência luminosa boa, determinou um meio de separação entre a luz e as trevas.

5º Raio: E Chamou Elohim a Luz do dia (manifestação positiva) e as trevas (manifestação negativa) noite. E tal foi a concepção do 1º Dia Cósmico.

6º Raio: E disse Elohim: haverá uma esfera da rarefação no centro das águas produzindo assim diferenciação na matéria até então homogênea.

7º Raio: E fez Elohim a essência desta esfera da rarefação e produziu uma separação entre as águas etéreas.

8º Raio: E Chamou Elohim Céu a esfera de rarefação e tal foi a concepção e a realização do 2º Dia.

9º Raio: E disse Elohim: As águas (etéreas) que estão debaixo do céu confluirão a um só lugar e aparecerá a aridez.

10º Raio: E chamou Elohim a aridez terra (termo) e a confluência das águas chamou mares (manifestação do elemento plástico formador).

11º Raio: E disse Elohim: A Terra fará vegetar erva vegetante e germinante, germe inato, substância frutífera que dê frutos segundo sua espécie, uma semente estará nela sobre a Terra, possuindo em si a semente segundo sua espécie. E Elohim viu que assim tudo que criara era bom.

12º Raio: A Terra produziu pólen do seu seio, erva vegetante e germinante de um germe inato, possuindo assim em si a semente segundo a sua espécie. E Elohim viu que era bom.

Ação dos Sete Raios e os Chacras do Planeta Terra

É necessário que se compreenda como os chacras (vórtices de energia) estão estabelecidos em um continente, num Estado, numa Nação ou em determinada região, a fim de comporem um determinado campo de força. Portanto, onde houver essa energia, é necessário um alinhamento preciso e direto, a fim de atingir o objetivo perseguido pelo chela ou grupo.

O homem é o microcosmo, enquanto o corpo planetário é ouro microcosmo em relação ao homem. No esquema do Cosmos, a Terra passa a ser um microcosmo, sendo de expressiva relatividade.

A Terra tem sete chacras, que são os retiros dos chamados Elohim Divinos, construtores de formas, Criadores da própria Terra e nos seus respectivos retiros, podem localizar e meditar nesses sete chacras do planeta.

Ainda, cada Nação, cada Continente, tem seus chacras e a ação dos sete raios divinos para o cumprimento de pessoas carmicamente nascidas nessa Nação ou continente. De acordo com o seu raio cósmico de missão, você poderá entrar em conexão direta com o chacra e o raio correspondente aos pontos que seguem citados e tomará conhecimento.

Iniciamos com a América do Sul.

O chacra deste continente é o chacra da base, incluindo a Terra do Fogo, o Cabo de Horn e vai até a Ilha Wellington. Inclui a Argentina e o Chile. Cremos ser do conhecimento de vocês leitores, as turbulências e os grandes vagalhões (ondas grandes) encontrados próximos a esses pontos, os quais, os próprios descobridores do continente enfrentaram. Essas são as energias que estão num vórtice próximo do foco da Mãe Divina para toda a América do Sul.

Chegamos ao chacra da habitação da alma (umbilical) que chega até Osorno no Chile abrangendo boa parte da Argentina. Inclui Bariloche, Puerto Mont.

Já o chacra do plexo solar refere-se a Buenos Aires na Argentina e todo o Uruguai, além de Santiago do Chile, sendo que o local ou lugar do sol, para a mestria do Príncipe da Paz (Jesus Cristo) é La Plata.

Chegando ao chacra do coração, temos que as Cataratas do Iguaçu e Rio de Janeiro são abrangidos por ele.

As Cataratas do Iguaçu são o ponto onde é liberada a névoa de fogo cristalino do coração. Este foco de Luz é a descida dos Avatares.

Importante deixar consignado, para especial atenção dos leitores, que as energias descendentes da Luz veem que imediatamente depois que se chega aqui se sente certa turbulência, certa perturbação no corpo físico, até mesmo uma percepção dos registros de grandes trevas, registros de homicídios, de magia negra, de vodu, de feitiçaria... O chacra do coração é o chacra de Cristo, portanto, tudo que ataca o Cristo é anticristo – o próprio anticristo que Jesus, Judas, João, que muitos deles alertaram sobre sua vinda. Portanto, assim, esse é um ataque direto contra o chacra do coração.

Além desses pontos mencionados, o chacra do coração e seu respectivo raio se estendem quase até Belo Horizonte, incluindo São Paulo e as maiores cidades do Brasil, Paraguai inteiro, norte da Argentina, quase o Chile inteiro e a parte sul da Bolívia.

Prosseguindo, o chacra da garganta atinge a parte central do Brasil, Mato Grosso, Brasília (que foi transferida do chacra do coração para o da garganta), ainda a Capital da Bolívia, La Paz, Lago Titicaca, Lima no Peru (foco dos antigos Incas). Convém deixar explicado que as energias do Poderoso Mestre Cuzco, da antiga civilização, do Deus e Deusa Meru, estão focalizadas neste chacra da garganta.

Tudo isto, citado com referência a este chacra, traduz-se no significado de que o raio feminino do Planeta, ancorado no Lago Titicaca, está ancorado aí e que o momentum do Raio Azul proporciona certo ímpeto para a liberação da pétala amarela. O raio masculino do planeta está ancorado no retiro do Senhor Himalaia, o Retiro do Lótus Azul nas Montanhas Himalaias. Ambos, desta forma, constroem um arco entre Oriente e Ocidente, sendo o raio masculino no Oriente e o Raio feminino no Ocidente. O Raio feminino irá permitir o desenvolvimento da ciência, da cultura, das coisas relativas à matéria e à mestria do plano físico. O raio masculino proporciona um ímpeto para o retorno ao Pai. O chacra da coroa é o chacra do Pai, onde se verifica atuação na Índia, sudeste da Ásia, haja visto, a inabilidade para lidar com os planos da matéria, uma certa letargia, relutância e desejo de afastar-se do mundo das coisas materiais e subir e meditar nas montanhas mais altas, e a perversão absoluta disso é deixar-se ser sujo e pobre e não fazer nada para mudar, ser analfabeto, ignorante, de forma que grandes multidões na Ásia são. São estas as chamadas perversões do Espírito.

Entramos na esfera do chacra do terceiro olho (ou terceira visão), que compreende o Equador, Quito, Norte do Peru, o Rio Amazonas em Manaus, Brasil e as grandes selvas brasileiras. As montanhas dos Andes, inclusive formam uma espinha bem até embaixo do lado esquerdo do continente, semelhante à espinha do homem e ao sistema nervoso central, no qual todos estes chacras estão ancorados nos próprios corpos físicos.

Por sua vez, o chacra da coroa abrange a Colômbia, a Venezuela e as três Guianas, o Panamá.

Portanto, é objetivo dos Mestres Ascensos nos transmitir tal conhecimento, para que todos os seres viventes conscientes deste Planeta trabalhem em Luz com os raios divinos para a purificação e o alinhamento dos próprios chacras individuais e da Terra.

É, pois, de suma importância que saiba seu Raio Cósmico de Missão e seu chacra regente para poder colaborar no grande trabalho de Luz.

Mapa dos Chacras da América do Sul e os Raios Divinos

Mapa dos Chacras no Corpo Humano e os Raios Divinos

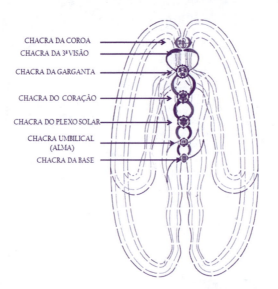

A Importância do Plano Trino

Para se viver a evolução máxima no plano terrestre há que se desenvolver no plano trino, mas é preciso antes compreender os "três mistérios ocultos".

A razão é que os três mistérios dentro de todas as ramificações dogmáticas estão ocultos dentro do plano trino, e o seu desenvolver desenrola-se com a transmutação de todas as coisas, cujas formas se harmonizam na plenitude.

Este plano trino proporciona a todo ser humano o desenvolvimento a um plano superior em uma sequência maior para despertá-lo da sua natureza compreendida e evoluída na essência de seus próprios credos. A natureza em si mesma evolui todas as coisas dentro de um plano de ocultismo, mas é óbvio que permitido assim pela Divindade.

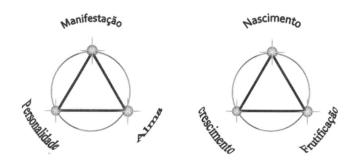

Para se compreender o Triângulo Cósmico observam-se os três mistérios (abaixo), os quais são a razão deste ato evolutivo, dentro da única corrente magnética, que está no grande cérebro humano.

Buscando uma compreensão mais perfeita para as três perguntas chaves: De onde vim? Por que estou aqui? Para onde vou? A chave pode abrir o Portal dos três mistérios, mas ainda o que representa a Terra e o Espaço diante dos seres terrestres.

Primeiro, a Terra é a segurança, por isso se quer nascer, manifestar-se, porque estamos falando de *manifestação*, nascimento na Terra.

Segundo, a personalidade, espaço, crescimento, alma, frutificação. O Espaço é a amplitude do desenvolvimento.

Terceiro, a Alma. Se tudo que existe no Universo tem uma alma, então essa é a maior classificação que podemos dar para a alma. É que ela é sangue ao se manifestar e consciência ao ter personalidade da criação. É consciência suprema em nível de iluminação da Unidade Total. Quando deixamos de ser Ego, a alma passa a ser simplesmente o que é, ou seja, Alma Divina Luz, de volta ao local de onde veio.

Outro exemplo do triângulo é que não pode existir corpo sem as três dimensões: comprimento, largura e profundidade. Não é possível ação alguma sem haver três condições, isto é, o sujeito que age, o objeto em que se reflete e a ação. Em todas as épocas, em todas as nações, em todas as culturas encontramos a Trindade. Os chineses a constituem de Céu, Terra e Homem; os hindus de Brahma (Criador), Vishnu (conservador) e Shiva (transformador, destruidor); os egípcios, de Osíris (O Pai Celeste), Ísis (a Mãe Celeste) e Hórus (o Filho); os romanos, de Júpiter, Juno e Vulcano; os Cristãos, de Pai, Filho e Espírito Santo; a kabbalah, formando a Trindade das primeiras três sefirots, Kether (coroa), Chokmah (Sabedoria) e Binah (Inteligência).

No Alfabeto Hebraico, o trino é Guimel (a mão que agarra, ação), Gadol, magno, designa anjos grandes e fortes, tronos, providência, inteligência. Os três pontos de Deus no momento da Criação, Ain, que é o aspecto masculino de Deus; AinSoph, que é o aspecto feminino de Deus e Ain-Soph Aur, ponto primordial de Deus. O Trino nas lâminas do tarô, Ísis Urânia, a Imperatriz, sua atribuição astrológica, Terra. Denominação gramatical Guimel, nome divino Gadol, símbolo Ação. Como espírito Elemental Silfos e Elfos, Fadas – elemento ar. Arcanjo Chamuel, medida superior. Espírito familiar de São João Batista, Príncipe dos Ares, Anjos do Julgamento. As Três letras mães: Aleph, Men e Shin, isto é, ar, água e fogo.

Três, ou Trino ou Triângulo representa o ternário, o sucessivo, o triângulo do qual o equilátero é a figura que não apresenta qualquer dificuldade, em virtude do lado do hexágono, isto é, de seu redobramento ser igual ao raio. (Exemplo: é observar as crianças que quando de posse de um compasso nas mãos pela primeira vez não demoram em dividir a circunferência em três partes iguais construindo, espontaneamente, sem saber, hexágonos e triângulos equiláteros). Isto porque já está incutido em todos os seres criados por Deus a Tríade Divina.

É isso o que podemos extrair de um duplo ternário equilibrado, um dos mais importantes selos, ou seja, chamado Selo de Salomão, em que figura o próprio princípio da Sabedoria, a estrela de seis pontas, a qual dobrando dá o número 12, a concepção usual na representação dos 12 signos do zodíaco, as 12 tribos de Israel, 12 Constelações e 12 meses do ano.

E para concluir, após o ser humano compreender as três forças ocultas que se desenvolvem dentro do seu próprio mundo, no corpo, na alma e no espírito, vós que sois de uma forma ou de outra, trinos, buscai em vós mesmos, a fim de descobrir o que se oculta atrás destes três elementos denominados trinos.

Está em vós, compreender e resolver o que há de oculto neste plano em que vamos penetrar. A proposta que temos ao apresentar estes escritos é ajudar-vos a penetrar no Plano do Mental e ajudar-vos a compreender que sois semelhantes a um Ser Superior e deveis vos comportar dentro da forma, quando se tem consciência de que temos em nós as dimensões que nos dão a permissão do nosso desenvolvimento diante da Lei evolutiva ao espaço cósmico vibrátil, no plano terrestre, com as três forças denominadas trinas.

Sois vós os seres atuantes sobre a Terra, classificados em três formas características: a primeira, que tem o Centro, a sequência e a evolutividade dos atos, formas que se desenvolvem mediante a força que se adquire ao despertar para a realidade dos fatos, e das coisas ocultas, encerradas nos três mundos. Ao vos descobrirdes, não deveis ficar inibidos, mas sim confiantes pelo que foi adquirido e encontrado dentro de vós. Quando descobrirdes seu Triângulo Cósmico, meditai como espírito esclarecido e dentro de uma confiança absoluta de que descobristes ser em parte responsáveis pelos acontecimentos que possam impedir vossa elevação ao Santo Graal.

Está em vós despertar a Grande Luz Interna, denominada Deus Interno. O despertar do Eu Superior é o renascer que dá início a novos ensinamentos. É neste momento que nos tornamos frágeis e benevolentes, porque estamos fortificados pela Luz que nos dá Consciência absoluta de que nosso Eu é Um com Deus.

Forças dos Doze Raios para a Iluminação Cósmica

Primeiro Raio: Azul

Contém as qualidades da Luz Superior: Força, Poder, Determinação, Proteção. Para que a pessoa tenha consciência da vontade, do que é para ser feito sem perder a reencarnação, veio a esta existência para encontrar o caminho e transmitir às outras pessoas, por meio das orações, o Poder da Vontade, da Fé e da Determinação.

Segundo Raio: Amarelo

Contém as qualidades Divinas da Sabedoria e Iluminação da Consciência, para que a pessoa que a ele pertença tome a consciência de seu poder, da sua missão e principalmente da sua importância como consciência do contato com as emoções de modo natural; que cada emoção é para ser vivida em prol da vida, com o devido entendimento espiritual das Leis de Causa e Efeito até o trabalho para sua ascensão pessoal, por intermédio do conhecimento adquirido e transformado em Sabedoria.

Terceiro Raio: Rosa-bebê

Contém as qualidades do Amor Divino, para que a pessoa, por intermédio da Fé e da Sabedoria Divinas, molde sua vida com o equilíbrio, assim também a vida das outras pessoas, auxiliando-as a equilibrar as diferenças espirituais, mentais, materiais, emocionais, a aceitação de sua realidade, e, com o Poder do Amor possa transpor o véu do ego, pois só se chega lá no Paraíso em todos os níveis da vida com o coração aberto e irradiando Amor.

Quarto Raio: Branco-cristal

Contém as qualidades Divinas da Pureza, Beleza e Perfeição em sua plenitude, a fim de que as pessoas encontrem o autocontrole, a pureza, a confiança, a serenidade, a paz, e através de um equilíbrio moral, possam auxiliar a outrem a renascer, a ser livre, para viver no todo com generosidade; ver e mostrar o lado positivo em todas as situações, o lado Luz, valorizando a vida, ancorada pela energia da Compaixão de Cristo.

Quinto Raio: Verde

Contém a qualidade Divina da Verdade e da Cura, a fim de que as pessoas possam ampliar a visão e enxergar além do aparente, ampliar os sentidos da sua mente, refinar o seu intelecto, o senso de Justiça, o bom-senso, neutralizar as emoções desqualificadas ou negativas; criar um sentido de equilíbrio e cura pelo Espírito da Verdade, e por intermédio deste Raio, perpassar por qualquer problema com a transparência da Verdade, emprestando para as outras pessoas a mesma "lima" para que elas aprendam a lapidar e se tornar o ser brilhante que na essência o é por enfrentar qualquer problema com a Verdade que as pode libertar, e curar sem artifícios ou supérfluos externos e internos. Este Raio contém toda a energia para libertar o ser e o curar integralmente.

SEXTO RAIO: RUBI-DOURADO

Contém as qualidades Superiores do Amor Incondicional, da Paz na sua expressão maior, da Misericórdia, a fim de que as pessoas possam desenvolver a devoção, a simplicidade, a ternura, a paz, o amor incondicional e se doem, mas se doem em compaixão incondicional, em reverência ao Criador e não se mantenham presas com pena de si próprias, como se tudo fosse um sacrifício para existir, viver.

SÉTIMO RAIO: VIOLETA

Contém as qualidades Luz: transformação alquímica, da libertação e da entrega espiritual, a fim de que as pessoas conscientizem-se da responsabilidade assumida antes de reencarnar.

Usar esta existência para transmutar todo o Carma da própria vida e da Terra, requalificar, ligar, restaurar, reestruturar, reequilibrar, mediante o dom de Alquimista de Deus, que todos são em potencial. (Para mais informações dos sete raios, consulte o livro *O Seu Raio Cósmico de Missão*).

Oitavo Raio: Água-marinha

Contém qualidades Divinas de Luz: de Clareza, claridade, lucidez, percepção divina.

Destinam-se e têm o fim de imbuir as pessoas a trabalhar adequadamente em todos os planos de purificação.

Para aqueles que desejam evoluir seguindo o Caminho da Verdade, a missão é ir às profundezas da alma e fazer o alinhamento de tudo que estiver desalinhado ao seu alcance, acessando e resgatando a complexidade e a conexão da vontade com os chacras do Coração e o Laríngeo.

Manter a tranquilidade e a calma para possuir clareza no vivenciar das experiências. Se assim o fizer, terá a prova de que sua missão está sendo objetiva e a direcionará corretamente com a Vontade da Consciência Cósmica.

Nono Raio: Magenta

Contém qualidades Luz: Harmonia Divina, Equilíbrio, Solidez, Segurança.

As pessoas nascidas sob este raio têm como missão despertar a serenidade e elevação que trazem de sua visão das coisas, que veem com clareza, sem quaisquer resquícios de dúvida. Veio a este plano para dar continuidade ao Caminho, utilizando-se do Amor Incondicional, da Compaixão e da Misericórdia, como meta de tudo que empreender e realizar em prol da vida de todos os seres para assim trabalharem o Amor e a Caridade.

Com Harmonia, afastar os empecilhos e auxiliar as pessoas a fazerem o mesmo.

Com solidez e segurança, com sentimentos e emoções, sob controle, vivendo o aqui e o agora, não permitindo que a falta de perdão do passado possa interferir e interfira na sua existência atual, porque estes são obstáculos que terão de ser transpostos em si próprios.

DÉCIMO RAIO: DOURADO

Contém as qualidades Divinas de Luz Solar Superior, Paz e Luz Eterna; opulência, conforto e libertação para um caminho de prosperidade e beleza.

Assim sendo, a missão das pessoas deste raio é trabalhar em prol da extrema purificação de todos os corpos e chacras, que é a transformação total do ser, para reativar a conscientização cósmica que é uma expressão de Deus, tornando mais fácil o caminho e aceitando o Propósito Divino. Se assim o fizer, através das energias da Fé, mesmo que escorregue, estará envolto na Proteção Divina, não cairá e surgirá a Harmonia, a Paz, o Conforto e um caminho de Prosperidade.

Se estiver vivendo desta maneira, a energia deste Raio retornará ampliada, direcionando e equilibrando com discernimento e Sabedoria o Plano Divino de um trabalho planetário.

DÉCIMO PRIMEIRO RAIO: PÊSSEGO

Suas qualidades Divinas de Luz são: Entusiasmo, Alegria, Propósito Divino, A Vitória e a Divina Libertação Espiritual.

A missão das pessoas deste raio é conseguir vivenciar a energia do entusiasmo e da alegria com o coração aberto, sem medo de viver e acreditar fielmente que a Luz de Deus nunca, nunca, nunca falha.

Devem conseguir transcender todo abalo e conseguir confortar o coração atormentado, seja para o bem próprio ou de outrem e realizar a conexão entre o coração e a mente; reequilibrar a interação de Alfa e Ômega do cérebro, e reestabelecer a conexão entre a energia cósmica dos corpos emocional, mental, físico, espiritual, sem perder o entusiasmo, a coragem e manter a alegria no Propósito Divino, deixando-o fluir para que a libertação espiritual ocorra e haja a Vitória. Lembrando que se trata de um trabalho voltado para si próprio e em auxílio a outras correntes de vida.

Décimo Segundo Raio: Opalino

Contém as qualidades Divinas de Luz: Esperança, Inspiração, Contemplação, Renascimento, Rejuvenescimento e todas as qualidades dos Doze Raios reunidas.

A missão das pessoas que nasceram sob este raio consiste na liberação de seu poder de transformação sobre a Terra; trazendo para a consciência o mais profundo autoconhecimento, e através da energia superior poder se curar dos desequilíbrios ainda existentes, transmutando todo desalinho dos corpos inferiores, registros de outras vidas e desta.

As pessoas que nasceram nesta vibração em particular, vieram para trabalhar o Eu e o fortalecimento do Eu, dispostas a alcançar a libertação dos condicionamentos impingidos quer seja pela sociedade, religião, quer seja pela própria história de suas encarnações, enfim para revolver o mais profundo do ser e resolver pendências e somente, então, fazer a religação com todos os raios que proporcionam sua ligação direta com a energia superior, despertando-as para novos caminhos, novas possibilidades para o tão cobrado crescimento espiritual, e é através deste processo de transformação sobre a Terra que elas conseguirão a entrada para o encontro do Santo Ser Crístico e a elevação às esferas mais sutis.

O Raio Opalino, com suas nuances de Raios, está presente no Centro da Terra para devolver à Terra e à sua Humanidade a Esperança e a Inspiração, pela liberação dos condicionamentos e da transformação individual que culmina em cada elevação vibratória para transfiguração, renascimento, rejuvenescimento de suas células, átomos, elétrons. É possível a perfeição, a ascensão de todos os seres e do Planeta. Então Afirmamos:

Que todos compreendam que somos todos Filhos de Deus, os Cristos em ascensão. Eu trabalho para a realização de todas as mudanças necessárias no Planeta para passarmos a outras dimensões, unidos com o Eu Superior, Unificado com todas as Divindades de Deus.

Os Doze Raios e suas Hierarquias Cósmicas

Do 1º ao 7º Raios, extraia as informações da obra *O Seu Raio Cósmico de Missão*, de minha autoria.

Oitavo Raio: Água-marinha com Raios Turquesa-cristalino

Mestre Ascenso: Mestra Cristal

Arcanjo: Metatron

Elohim: da Ordem Chaioth Há Qadesk. As Criaturas vivas sagradas que têm uma missão de nos encantar quanto prontos para a experiência espiritual da União com Deus e a realização da Grande Obra. Podemos visualizar o 8º chacra cósmico situado entre o frontal e o coronário; sobre a cabeça um triângulo cósmico superior, que representa o degrau que nos liga ao Eu Superior que trabalha junto com o Santo Ser Crístico. Este nos envia Luz para sermos sua extensão quando ativado.

Palavra-chave deste Raio: Crescimento

Novo Raio: Magenta com Lavanda

Mestre Ascenso: LaoTsu (ou Tsé) e Mestra Ascensa Kwan Yin, membro do Conselho do Karma.

Arcanjo: Ratziel

Elohim: Ofanim, mentes de Luz dos Anjos. Ordem Espiritual que serve os Universos Pai e Filho, governando-os por rodas dentro de rodas. Corresponde ao 9º Chacra Cósmico, que está entre o laríngeo e o cardíaco no corpo físico e no alto da cabeça. É a outra parte do triângulo formando a estrela de seis pontas entre o Santo Ser Crístico e a Pomba Sagrada, chamado aqui embaixo como Chacra do Timo.

Sua missão: irradiar Amor Incondicional Universal, pois no seu centro reside a Chama Trina, a Trindade Solar, o Logos contendo essência e qualidade dos 12 raios Sagrados. Quando ativado confere a virtude da Devoção, Compaixão, Misericórdia, Serenidade, Amor e Caridade e por esta Luz o aumento da vibração consciência para atravessarmos para novas esferas de consciência superior em busca de uma visão de Deus ainda mais superior, e dos conhecimentos ocultos contidos na Verdade Universal.

Palavra-chave deste Raio: Domínio, para que as mudanças sejam harmoniosas.

DÉCIMO RAIO: DOURADO

Mestre Ascenso: KenichAhan

Arcanjo: Tzaphkiel

Elohim: Aralim (Tronos responsáveis por criar uma poderosa energia para o trabalho de cura e atuação dos dons espirituais). Corresponde ao 10º Chacra Cósmico. Relaciona-se com o conhecido corpo astral, corpo do Cosmos, situado no corpo físico na altura do plexo solar todo esquerdo. Seu elemento de energia é vida abundante, tendo como missão quando ativado propiciar a entrada segura na Luz Divina nos planos mais densos da manifestação. E é ainda este Raio de Luz Divina que faz a conexão do Eu Superior, que é a própria Luz com a Chama Trina do Eu Sou.

Assim ativado, promove a Consciência a outro espaço e dimensão simultaneamente com condições de coordenar esta realidade, quando a própria força de vontade for estabelecida através do equilíbrio e do silêncio interior.

Palavra-chave para este Raio: Entendimento, sobre todas as coisas.

Décimo primeiro Raio: Pêssego-alaranjado

Mestre Ascenso: FunWei e M. Jverox

Arcanjo: Tzadkiel

Elohim: Hashmalim ou Chasmalim(Guardiães dos Poderes Sagrados entre outros que supervisionam a evolução da Terra). Para nos auxiliar em uma das grandes virtudes a ser desenvolvida por todos os seres humanos, a Obediência, para com as Leis Sagradas de Deus Pai. Corresponde ao 11º Chacra Cósmico. Triângulo de Luz na altura da coluna vertebral.

Seu elemento é o Eu Superior Mônada. Sua missão – ancorar Luz, a própria Luz Divina nos campos de força do corpo humano. Da mesma forma que o chacra básico liga o ser humano à Terra, o chacra superior liga o corpo de Luz do ser humano com a Consciência Superior Cósmica. Essa pura Luz possui todas as Qualidades Divinas e irradia corpo de Luz com a criação do novo Adam Kadmon, contendo as 12 qualidades da Luz Sagrada Superior e o pensamento criativo combinado com a matéria física passam a ser uma grande experiência espiritual, a Visão do Amor.

Palavra-chave deste Raio: Obediência e Receptividade para reunir a mente e o espírito ao Eu Superior Crístico (potência elevada dez vezes).

DÉCIMO SEGUNDO RAIO: OPALINO (AZUL COM RAIOS BRANCO-CRISTAL)

Mestre: Princípio

Arcanjo: Khamael

ElohimGibor: Serafim (mentes angélicas de Luz que servem ao Pai, e ao Filho, para fazer a conexão direta da inteligência humana com a inteligência superior). Corresponde ao 12º Chacra Cósmico. A fusão ao Eterno é totalmente cósmica. Sua missão é captar energia cósmica mais sutil unindo com o chacra da planta dos pés que capta energias telúricas, formando a estrela de seis pontas e envolvendo o ser humano nas duas dimensões em uma energia ovoide com estatura completa nas bordas dessa forma ovoide.

Encontram-se os registros akáshicos do ser humano, ou seja, da Eternidade de sua experiência na manifestação. É essa energia que sela e protege todo complexo campo energético do ser humano. É onde contém o que é o Um. EU SOU O QUE EU SOU. No corpo humano este chacra está na altura dos pés e é ele que gera a Luz Ilimitada e Infinita.

Palavra-chave deste Raio: Energia, Coragem. Ativado corretamente, ele proporciona a visão do Poder da Mão de Deus sobre sua vida e a vida do Planeta. É o próprio Fogo Sagrado do Coração de Deus este Raio.

Compreendendo a Missão da hierarquia através dos Raios, nossa missão é buscar a compreensão dos mundos, pelos ensinamentos que vêm da parte de Deus com a divina capacidade de inspirar e educar toda a alma desejosa de alcançar a verdadeira Fé e Sabedoria, os muitos níveis da Mente Divina, o verdadeiro alinhamento dos Raios.

Para conseguirmos o equilíbrio necessário encontrar-se no Caminho da Evolução Consciencial, então alcançar-se-á a autorrealização.

Reparação das Influências de Vidas Passadas com Palavras-Chaves nos 12 Signos, para Elevação de sua Alma

ÁRIES – Raio Azul e Raio Rubi

Estude a história de Davi e Golias.

Correção: Descobrir sua identidade, sua própria natureza espiritual para adquirir consciência e confiança. Quando conhecer sua própria personalidade se fortalecerá para enfrentar o confronto de cada situação, tornando-se independente e mais seguro nas decisões.

TOURO – Raio Amarelo e Raio Rosa

Correção: Vencer a escuridão da autodestruição, vencer o medo, a desconfiança, a raiva, o apego (seu maior obstáculo). Deve buscar apreciar os prazeres da vida, a beleza e o Amor Divino, para encontrar o equilíbrio no amor e no sexo. Transformar sua beligerância reativa em serenidade proativa.

GÊMEOS – Raio Rosa

Correção: Vencer o egoísmo, a desordem, a fome por liberdade, ignorando repressões sociais. É preciso aprender a ser humilde e respeitar, compartilhar a Luz que pertence a todos.

CÂNCER – Raio Branco

Correção: Lapidar a grande quantidade de orgulho, obsessão pelo trabalho em busca de honra pessoal e respeito. Proceder ao abandono das ilusões, buscando a verdadeira felicidade, como por exemplo, em um lar caloroso, amoroso, pois o verdadeiro e real sucesso irá encontrar no seio de sua família.

LEÃO – Raio Verde e Raio Amarelo

Correção: A busca pela originalidade, vencer tudo aquilo que for superficial e em sua ambição encontrar a chave nobre e verdadeira de servir aos outros, compartilhar seus dons, usar sua força interior para revelar ao seu redor novas oportunidades, conquistando a Originalidade, a Criatividade, a Justiça e a Igualdade que tanto busca de forma abnegada.

VIRGEM – Raio Rubi

Correção: Ser mais realista, vencer sonhos e fantasias. Usar um pouco mais a razão e menos a emoção nas decisões. A autodisciplina e a determinação podem ajudar muito. Deixe de lado o "choramingar", a autopiedade. Estabeleça valores dentro de si mesmo de forma mais concreta e conquistará a sua independência e a dos outros, conhecendo o Amor e a Paz interior.

LIBRA – Raio Violeta e Raio Branco

Correção: Uma correção difícil: a nulificação do orgulho, o egocentrismo e os transtornos emocionais. Para se livrar da frustração, caminhe por uma trilha de devoção a uma causa além de você mesmo. Ao considerar os outros, você vai recobrar o equilíbrio. À medida que for compreendendo que o sucesso dos outros é mais importante, você conhecerá o próprio sucesso e a felicidade verdadeira, inclusive no casamento. Compreender o verdadeiro compartilhar por Amar alguém. Terá "uma grande oportunidade para sair do "eu" e entrar no "nós" com chave de ouro.

ESCORPIÃO – Raio Água-marinha e Raio Violeta

Correção: A teimosia, lentidão, relutância em mudar, possessividade. É necessário abandonar a rigidez que marca sua alma e permitir que a espontaneidade entre em ação. Confie na Luz. Renuncie aos medos de perder, pois assim aumentará sua capacidade de receber tanto espiritual quanto materialmente.

SAGITÁRIO – Raio Magenta

Correção: Você retém a dualidade, tendência camaleônica e nesta existência veio com o propósito de vencer o desafio e definir suas metas e realizá-las. Suas responsabilidades e deveres são oportunidades de consolidar suas próprias opiniões. A chave é afastar-se da superficialidade e enfrentar a realidade. É encontrar-se com a fidelidade, a integridade, a sinceridade, a identidade e a autenticidade, que deve ser seu compromisso e descobrir sua missão na Terra. Compartilhar a Sabedoria e revelar a Verdade.

CAPRICÓRNIO – Raio Dourado

Correção: Cortar o cordão umbilical com o cúmulo do conformismo, da falta de autoconfiança. Maturidade deve ser a chave. Conquistar o autocontrole dissipará suas ansiedades. Conseguir contatar sua força interior para encarar os obstáculos. Entregar-se ao cumprimento de sua missão espiritual sem premeditação. Aceitar o crescimento. Aceitar que a parte de todas as coisas é Luz, assim irá se libertar do ermitão que vive em seu ser.

AQUÁRIO – Raio Pêssego-alaranjado com Raio Lilás

Correção: Vencer o orgulho, a arrogância e a consideração que tem de si mesmo em ser o centro do Universo. Não é uma tarefa fácil, mas quando começar a expressar Amor e Gratidão ao Criador do Universo e de sua própria vida, terá encontrado o caminho espiritual e conseguirá abandonar sua preocupação com os próprios desejos egoístas. Você deve trocar sua sacrossanta independência por um novo conceito de vida. "Pense" no mundo não cabe o "eu" contra todos os outros seres. Na verdade somos todos iguais. Você pode alcançar uma consciência de realidade cósmica e sentir-se até mesmo responsável pela Humanidade. Como um todo, você vai encarar seu verdadeiro "eu". Descobrirá que é um ser humano fraterno universal e que pode realizar muitos benefícios em prol do semelhante.

PEIXES – Raio azul-cristal com Raios Opalescentes

Correção: Seu maior desafio é juntar as peças novamente. Comece por entender que a essência da Verdade não está através dos sentidos, mas em uma realidade espiritual, que é a origem de tudo o que existe no mundo físico. Pare de analisar o efeito e você perceberá a causa. Deixar de ser exigente e lógico apagará as dúvidas. Este é o caminho que poderá lhe mostrar que a imagem do mundo vai além dos sentidos.

É necessário abrir a porta para um nível de consciência espiritual e isto acenderá em você o Amor e a Compaixão por seus semelhantes. Aprenderá como agir e servir em sua missão universal quando atingir uma consciência universal. Alcançar o nascimento pela Fé e pelo Amor a Deus, sobre todas as coisas e ao próximo como a ti mesmo.

Os Raios e os Caminhos da Árvore da Vida

Ao somar o dia, mês e ano, você descobrirá a sua sefirah e o caminho nesta vida.

1º Raio Azul com Branco brilhante e matizes dourados.

Sefirah: Kether = Coroa
Primeiro caminho da sabedoria – Inteligência Admirável. Coroa Suprema
Chave: Procure buscar sua união com Deus. Ter uma consciência pura.
Virtude para manifestar: Realização

2º Raio: Amarelo com Cinza-iridescente e matizes: vermelho, azul e branco.

Sefirah: Chokmah
Segundo caminho da sabedoria – Discernimento da Inteligência Iluminadora e Esplendor da Unidade Suprema.
Chave: Desenvolva a Energia Criadora Pura, Força vital, Verdade universal e a Visão Divina.
Virtude para manifestar: Devoção

3º Raio: Rosa e Carmesim com matizes: róseo, cinza, preto e marrom.

Sefirah: Binah
Terceiro caminho da força dinâmica. Consciência perceptiva, intuição. Carma muito intensificado. Lei Natural. Limitação.
Chave: Procure desenvolver a compreensão sobre a visão da tribulação.
Virtude a manifestar: Silêncio. Saber falar. Saber calar. Saber agir.

4º Raio: Branco com Violeta-forte, Azul-celeste, com matizes: amarelo e púrpura.

Sefirah: Chesed
Quarto caminho da sabedoria: Compaixão. Autoridade. Inspiração. Liderança. Serviço Divino.
Chave: Procure desenvolver a Misericórdia, o Amor espiritual, a Beneficência, Receptividade.
Virtude a manifestar: Testemunhar a grandeza do Pai Celestial e a Visão do Amor Puro.

5º Raio: Verde com Laranja, com matizes: vermelho-escarlate, preto.

Sefirah: Geburah
Quinto caminho da sabedoria: Inteligência Radical, Severidade e Força.
Chave: Procure desenvolver a Justiça, disciplina pelo dever, julgamento, visão de poder com experiência espiritual, vencer o senso de destruição, crueldade, medo, opressão, dominação em excesso.
Virtude a manifestar: Coragem.

6º Raio: Dourado-rubi, Rosa-salmão com matizes de âmbar.

Sefirah: Tifereth

Sexto caminho da sabedoria. Inteligência. Influência mediadora. Chave: Procure desenvolver a experiência espiritual da visão de harmonia. Vencer o orgulho, desenvolver a saúde universal, felicidade na vida, equilíbrio e clemência.

Virtude a manifestar: Dedicação.

7º Raio: Violeta, Âmbar, Verde-esmeralda, Verde, Amarelo, com matizes verde-oliva e dourado.

Sétima Sefirah: Netzah

Sétimo caminho da sabedoria. Inteligência oculta, desprendimento.

Chave: Vencer luxúria, paixão, instintos, prazer, ilusões, ódio, raiva, amor físico, depressão, angústia, desejo, agitação, concupiscência, sensualidade. Desenvolver a alegria, o amor, a simpatia e como experiência espiritual, a beleza triunfante.

Virtude a manifestar: Vitória

8º Raio: Azul-turquesa com Branco, Amarelo, Violeta, Laranja, Vermelho-tijolo, com matizes branco e preto.

Oitava Sefirah: Hod

Oitavo caminho da sabedoria. As profundezas da esfera, da magnificência.

Chave: Desenvolver visão do esplendor, relacionadas à magia ritualística, linguagem articulada, ciência, descrição, inteligência perfeita, absoluta razão, abstração, comunicação, vencer desonestidade ou tudo que tender à escuridão.

Virtude a manifestar: Verdade

9º Raio: Púrpura-escuro, Índigo, Violeta, Citrino com matizes de azul-celeste.

Nona Sefiroth: Yesod

Nono caminho da sabedoria. Estabelece a unidade entre as sefirot.

Chave: Relacionada à percepção, imaginação, encanto pessoal, sonhos, adivinhação, o inconsciente. Vencer a indolência, psiquismo, plano astral, sexo, desenvolver experiência espiritual, visão do mecanismo do Universo.

Virtude a manifestar: independência, inteligência purificada e o receptáculo das emanações.

10º Raio: Amarelo-ouro, Citrino, Verde-oliva, Castanho-avermelhado, Preto com matizes de amarelo.

Décima Sefirah: Malkuth

Décimo caminho da sabedoria: Da resplandecência, mundo material, esfera da Natureza, esfera do Reino.

Chave: Vencer inércia e falta de vontade. Trabalhar Mãe-Terra. Elementos físicos, mundo natural, morte física, encarnação e os quatro elementos.

Virtude a manifestar: Trabalhar discrição, discernimento, experiência espiritual a desenvolver, visão do Santo Anjo da Guarda.

Passamos agora a falar sobre duas sefirot da Árvore da Vida Superior: 11ª e 12ª.

11º Raio Pêssego-alaranjado com matizes vermelho-brilhante

Décima primeira Sefirah: Kether

Décimo primeiro caminho da sabedoria superior: o agir como um Rei ou Rainha. Desenvolver uma experiência clara e forte, em nível superior de entendimento no caminho espiritual. Buscar caminhos de evolução superior.

Chave: vencer a arrogância, a teimosia e a tirania.

Virtude a manifestar: o dom pessoal que tem para ofertar; o brilho que se pode dar à vida, ou seja, qual é o melhor modo de começar a desenvolver e a manifestar o seu dom. Procure ser e tratar as pessoas como seres nobres e dignos, simplesmente o Ser de Luz que é.

12º Raio Opalino com Matizes pérola, dourado e prata

Décima segunda Sefirah: Chokmah

Décimo segundo caminho do entendimento superior: Aprender e ensinar conforme o coração. Com grandiosidade e aspiração, procurar mover-se pelo coração, desenvolvendo um aprendizado estreito e trabalhar com determinação para alcançar a fé que o guiará e ensinará.

Chave: Qual é o meu desejo do coração? Como ir em direção a este desejo guiado pelo coração?

Procure dar os primeiros passos em direção a um projeto, a um trabalho de meditação e conhecimentos profundos da Lei Universal, a fim de que possa sentir as respostas chegarem via coração (sentir).

Virtude a manifestar: Seguir pelo caminho da Sabedoria, para que o espírito de entendimento e o poder de conhecimento possam brilhar.

Os Doze Meses e a Influência que cada um pode Oferecer para a Correção do Ser Humano

Está escrito no Zohar que o conhecimento nos oferta a Iluminação e a Sabedoria como uma ferramenta para a raça humana encontrar a Luz da correção. É o que estamos procurando fazer neste livro: fornecer ferramentas pelo conhecimento para que cada um encontre a Luz da correção e transforme o livro da sua própria existência terrena na Sabedoria Divina de viver.

Primeiro Raio: Janeiro

Um mês para permitir o rompimento das fronteiras da consciência dormente e deixar entrar a Luz do controle sobre as emoções egoístas.

Segundo Raio: fevereiro

Um mês cheio de Luz de oportunidades para se libertar das próprias negatividades.

Terceiro Raio: Março

Um mês repleto de Luz para buscar a felicidade de como fazer os outros felizes. Assim abre-se para o Universo e desta forma receber a sua própria felicidade e alegria.

Quarto Raio: Abril

Um mês imantado pela Luz da harmonia, para que todos tenham a oportunidade de construir pontes de Paz com o que esteja em conflito e hostilidade.

Quinto Raio: Maio

Um mês repleto da Luz da Verdade, de Cura e plenitude para que todos possam encontrar-se no próprio ser e encontrar o caminho da plenitude da cura interior.

Sexto Raio: Junho

Um mês preenchido com a Luz do Amor Incondicional, para que todos possam receber e recebam a emanação da Luz e desenvolvam bons relacionamentos ou cure aqueles já existentes, fazendo com que as pessoas saibam que são importantes em sua vida.

Sétimo Raio: Julho

Um mês fortemente carregado de Luz com antídoto para a cura física, espiritual, emocional e mental, de forma que as pessoas recebam este antídoto e possam proporcionar bem-estar em todos os sentidos da vida.

Oitavo Raio: Agosto

Este mês é especial, pois tem uma Luz que fortalece nossa Vontade Divina de buscar sair de dentro de si mesmo e reconhecer que não estamos sós no mundo, que o próprio sol na sua grandeza ilumina tudo e a todos. É hora de aprender a dar e receber. Humildade é a chave deste mês.

Nono Raio: Setembro

Um Mês transbordante de oportunidades para que todas as pessoas tenham uma visão espiritual, identifiquem suas falhas, internas e externas e decidam realizar uma purificação espiritual em tudo, aquele do tipo que pode alterar até mesmo o próprio destino.

Décimo Raio: Outubro

Este mês, por sua vez, vem com a Luz do Julgamento, para que todos possam refletir por meio de uma autoanálise e conhecer quais as dificuldades, cavando ainda mais fundo e permitindo que a roda da vida continue a girar, pois há sempre a chance, a oportunidade para um novo começo.

Décimo Primeiro Raio: Novembro

Este mês apresenta-se repleto de desafios, energias Luz para o ser humano ir às profundezas do próprio ego e se deparar com suas egocentricidades arraigadas em seu ser, e ter mais coragem em mudar por reconhecer que o responsável pelos seus fracassos e o impedimento ao seu sucesso é a sua própria negatividade interna.

Décimo Segundo Raio: Dezembro

Este mês é puramente mágico, repleto de sobrenatural ao nosso redor para que possamos descobrir que milagres podem acontecer a qualquer momento da vida, e que nos foi ofertado há muito tempo a capacidade de efetuar grandes milagres que todos têm por serem simplesmente Filhos de Deus, que Seu Reino está dentro de cada um de seus filhos.

A mensagem de Deus está expressa em toda a Criação, uma vez que temos um mundo imensamente lindo e maravilhoso, espiritual, infinito de vida com sabor, cor, aromas, belezas sem fim, tocável, audível para ser vivido, à disposição de quem quiser a Luz, porque acessar a Luz de Deus é acessar a Luz interna, que nos leva e conduz a um sentimento de plenitude, de Paz, de realizações, de união.

É o casamento alquímico que homem nenhum pode romper quando alcançado e entendido que a Luz de Deus nunca falha. Quando ocorre a fusão com Deus, na Sua Luz, sua luz na Luz de Deus.

Esta, pois, deveria ser a única preocupação do ser humano. Espero que cada um que estiver lendo estas linhas tome posse de sua Luz e seja sócio de Deus, pois ele é seu sócio. Deus é Luz e o sentido de nossas vidas, e você é Luz e o sentido da Vida Dele. Então o que está faltando para que essa fusão de sociedade dê certo?

OS MESES LUNARES E SEUS CORRESPONDENTES SIGNOS E ANJOS PARA VOCÊ ENCONTRAR SUA HIERARQUIA DE ACORDO COM A KABALLAH

MÊS	SIGNO	ANJO
Março/Abril	Áries	Shamael
Abril/Maio	Touro	Hanniel
Maio/Junho	Gêmeos	Raphael
Junho/Julho	Câncer	Gabriel
Julho/Agosto	Leão	Mikhael
Agosto/Setembro	Virgem	Raphael
Setembro/Outubro	Libra	Hanniel
Outubro/Novembro	Escorpião	Shamael
Novembro/Dezembro	Sagitário	Zadkiel
Dezembro/Janeiro	Capricórnio	Orifiel
Janeiro/Fevereiro	Aquário	Orifiel
Fevereiro/Março	Peixes	Zadkiel

Os Doze Arcanjos, Signos, Planetas, Dias da Semana, Horário, Perfume, Incenso, Raios

ARCANJOS	SIGNOS	PLANETA	DIA	HORÁRIO	INCENSO	PERFUME	RAIOS
Mikhael	Leão	Sol	Domingo	12:10 e 01:10	Benjoin, Louro e Girassol e Estotaque e Eucaliptus	Sândalo e incenso	Amarelo
Gabriel	Câncer	Lua	Segunda-Feira	13:10 e 01:10	Murtas, Maçã, Alfazema, Folhas e Madeiras	Cânfora	índigo e branco
Chamuel	Áries e Escorpião	Marte	Terça-Feira	15:10 e 03:10	Carvalho, Aloés, Sândalo	Mirra, Coral, Amálcega	Vermelho
Rafael	Gêmeos e Virgem	Mercúrio	Quarta-Feira	17:10 e 05:10	Canela, Cedro, Acácia, Cravo, Noz-moscada	Sândalo Branco	Verde
Zadkiel	Sagitário e Peixes	Júpiter	Quinta-Feira	19:10 e 07:10	Todos frutos cheirosos	Aloés, tomilho, Ervas	Azul
Haniel	Touro e Libra	Vênus	Sexta-Feira	21:10 e 09:10	Cedro, Rosas, violeta, raízes aromáticas	Ervas Aromáticas, Gálbano	Laranja e rosa
Orifiel	Capricórnio e Aquário	Saturno	Sábado	23:10 e 01:10	Pinheiros e cipestre	Extrato de Pinheiro e nardo	Violeta

Florais de Saint Germain

1º Raio	Erbum, Anis, Allium e São Miguel
2º Raio	Embaúba, Leucantha e Perpétua
3º Raio	Curculigum, Rosa Rosa e Amigdalus
4º Raio	Algodão, Flor Branca e Lírio Real
5º Raio	Abundância, Helicônia e Capim Seda
6º Raio	Focum, Panicum e Pectus
7º Raio	Saint Germain, Incensum e Bambusa
8º Raio	Capim Luz, Melissa e Varus
9º Raio	Dulus. Myrtus e Mangifera
10º Raio	Abricó, Boa Sorte e Minozilia
11º Raio	Aloé, Cidreira e Piper
12º Raio	Lírio da Paz, Ipê Roxo e Coronarium

Os Raios e seus Complementos Divinos

COR DO RAIO	COMPLEMENTO DIVINO
Raio Azul	Raio Rubi
Raio Amarelo	Raio Violeta com Branco
Raio Rosa	Raio Verde
Raio Branco	Raio Azul
Raio Verde	Raio Pêssego
Raio Rubi	Raio Azul
Raio Violeta	Raio Magenta Com Dourado
Raio Água-Marinha	Raio Branco Com Turquesa
Raio Magenta	Raio Azul
Raio Dourado-Solar	Raio Violáceo
Raio Pêssego-Alaranjado	Raio Rosa
Raio Opalino	Raio Laranja

Os 12 Cavaleiros da Távola Redonda e os 12 Raios, Doze Signos e seus Atributos

	CAVALEIROS	SIGNOS	ATRIBUTOS
1º Raio	Sir Tristão	Áries	Cavaleiro Honorável
2º Raio	Sir Galahad	Touro	Cavaleiro Amável e Leal
3º Raio	Sir Lamorak	Gêmeos	Cavaleiro Nobre
4º Raio	Sir Bohors	Câncer	Cavaleiro Virtuoso
5º Raio	Sir Gawain	Leão	Cavaleiro Caritativo
6º Raio	Sir Gaheris	Virgem	Cavaleiro Sincero
7º Raio	Sir Parsifal	Libra	Cavaleiro Valente
8º Raio	Sir Bedivere	Escorpião	Cavaleiro Cavalheiro
9º Raio	Sir Lancelot	Sagitário	Cavaleiro Galante
10º Raio	Sir Garet	Capricórnio	Cavaleiro Sóbrio
11º Raio	Sir Geraint	Aquário	Cavaleiro Serviçal
12º Raio	Sir Kay	Peixes	Cavaleiro Humilde
Procurar desenvolver a qualidade do cavaleiro ao qual o seu signo pertence			

Tabela do DNA dos Signos e Código do Planeta e Salmos

SIGNOS	CÓDIGO DO DNA	CÓDIGO DO PLANETA	SALMO
Áries	Hei	Dalet	03
Touro	Vav	Pei	24
Gêmeos	Zain	Resh	30
Câncer	Chet	Tav	07
Leão	Tet	Kaf	90
Virgem	Yud	Resh	120
Libra	Lamed	Pei	39
Escorpião	Nun	Dalet	93
Sagitário	Samech	Guimel	32
Capricórnio	Ayin	Bet	97
Aquário	Tzadi	Bet	17
Peixes	Kuf	Guimel	09

OS DOZE DISCÍPULOS DO MESTRE JESUS CRISTO E OS SIGNOS E RAIOS DA G.F.B.

RAIOS	NOMES DOS APÓSTOLOS	SIGNOS
Primeiro	Felipe	Áries
Segundo	Tomé	Touro
Terceiro	Simão Pedro	Gêmeos
Quarto	Bartolomeu	Câncer
Quinto	Matheus	Leão
Sexto	Tiago Maior	Virgem
Sétimo	Judas Tadeu	Libra
Oitavo	Tiago Menor	Escorpião
Nono	João, o Amado	Sagitário
Décimo	Judas Iscariotes/Matias	Capricórnio
Décimo Primeiro	Simão, o Cananeu	Aquário
Décimo Segundo	André	Peixes

CURA ATRAVÉS DOS ARCANJOS, SALMOS E OS RAIOS – PRINCIPAIS ÁREAS DE SUA VIDA

ARCANJOS	SALMOS	ÁREAS DE SUA VIDA
Gabriel	60, 11 e 19	Para atrair fama e sucesso
Raziel	114, 130 e 144	Para as questões de relacionamento
Haniel	16, 113 e 145	Para estimular criatividade e intuição
Rafael	106, 24 e 6	Para restituir as amizades e saúde
Metatron	23, 02 e 91	Para alcançar objetivos, realizar projetos
Miguel	121, 119 e 91	Para abrir caminhos de trabalho. Carreira e caminhos espirituais
Tzaphkiel	89. 97 e 139	Para felicidade conjugal e familiar e saúde
Tzadkiel	144, 91 e 77	Para promover prosperidade e abundância
Camael	19. 23 e 105	Para atrair as bem-aventuranças e a sorte

Visualize estes Raios abaixo para estas finalidades acima ao rezar os Salmos e invocar os Arcanjos

Arcanjo Gabriel	Raio Branco com Dourado
Arcanjo Raziel	Raio Verde-esmeralda com rosa e dourado
Arcanjo Haniel	Raio Rosa-dourado
Arcanjo Raphael	Raio Verde-esmeralda com dourado
Arcanjo Metatron	Raio Azul com Violeta-brilhante

Arcanjo Miguel	Raio Dourado e Azul-cintilante
Arcanjo Tzaphkiel	Raio Branco e Verde com Amarelo
Arcanjo Tzadkiel	Raio Púrpura com Dourado
Arcanjo Kamael	Raio Rubi-dourado com Verde-cintilante

AROMATERAPIA E OS 12 RAIOS

RAIO	AROMAS
Azul	Hortelã, mirra, campestre
Amarelo	Tangerina, eucalipto, alecrim, lótus
Rosa	Rosa, gerânio, lavanda
Branco	Vetiver, palmorosa, ylang ylang, patchouli
Verde	Eucalipto, cravo, tomilho, cardomomo
Ouro-rubi	Tangerina, gengibre, canela, laranja
Violeta	Sálvia, tomilho, violeta
Água-marinha	Camomila, lavanda, alecrim
Magenta	Palmorosa, gerânio, hortência, lótus
Dourado-solar	Canela, patchouli, girassol, vetiver
Pêssego	Gengibre, sândalo, grapefruit, germe de trigo
Opala	Olíbano, cedro, junípera, cipestre

Os 12 Signos e os Mestres Ascensos

SIGNOS (CONSTELAÇÕES)	MESTRE	OS MESTRES E SEUS AUXILIARES
Áries	SeraphisBey	Hélios e o Magneto do Sol Central
Touro	Hilarion	Deus Obediência e os 7 Elohim
Gêmeos	Nada	El Morya e as Legiões de Mercúrio
Câncer	Saint Germain	SeraphisBey e os Serafins e Querubins de Deus
Leão	Hélios e Vesta	Deusa da Liberdade e os Senhores do Carma
Virgem	Ciclopea	Mestre Lanto e os Senhores da Sabedoria
Libra	Pórcia	Poderoso Vitória e Senhores da Individualidade
Escorpião	Godfré	Poderoso Ciclopea e os Senhores da Forma
Sagitário	Vitória	Senhor Maytrea e os Senhores da Mente
Capricórnio	El Morya	Grande Diretor Divino e os 07 Arcanjos
Aquário	Lanto	Saint Germain e as Hostes Angélicas
Peixes	Paulo Venesiano	Jesus Cristo e os 07 Mestres Ascensos

Os Signos e os Cinco Elementos

ELEMENTOS	SIGNOS			VELAS
Terra - Gnomos	Capricórnio	Virgem	Touro	Marrom
Fogo - Salamandras	Leão	Sagitário	Áries	Vermelha
Ar - Sílfides	Gêmeos	Aquário	Libra	Branca
Água - Ondinas	Peixes	Escorpião	Câncer	Azul-escuro
Éter - Fadas	Peixes	Para realizar seus rituais, você utiliza os próprios elementos como descritos.		

OS SIGNOS E SUA PEDRA DE PODER

SIGNO	PEDRA
Áries	Jaspe Vermelho, granada, dolomita, jaspe, cornalina e ágata
Touro	Quartzo rosa, safira, turmalina, fluorita e morganita
Gêmeos	Quartzo branco cristal, hematita, olho de tigre, citrino, especularita e água-marinha
Câncer	Quartzo verde, amazonita, crisopázio, pedra da lua e funchita
Leão	Cornalina,cristal de rocha, rubi, diamante, dolomita branca e pirita
Virgem	Ametista, ágata, ônix, turquesa, topázio e safira
Libra	Citrino, quartzo fumê, água-marinha, calcita, dolomita
Escorpião	Hematita, ágata de fogo, opala, jaspe e cornalina
Sagitário	Sodalita, topázio, turquesa, calcita, lápis lazuli e dolomita
Capricórnio	Ônix, olho de gato, rubi, malaquita e turmalina
Aquário	Amazonita, sodalita, olho de falcão, turquesa, água-marinha, quarto azul e turmalina
Peixes	Quartzo azul, ametista, safira, âmbar, diamante e rodocrosita

O Pai Nosso e os 12 Raios Cósmicos

Raio Azul	Pai nosso que estás nos céus: Representa a Força Criadora
Raio Amarelo	Santificado é: Representa a Luz do Criador
Raio Rosa	O Teu Nome: pedir à essência criadora de Deus
Raio Branco	Venha a nós o Teu Reino: A Luz do Criador se realiza no mundo
Raio Verde	Seja feita a Tua Vontade: conhecimento, compreensão da Vontade de Deus
Raio Ouro-Rubi	Assim na Terra: o mundo físico reconhece que de Deus é a Terra e toda a Sua Plenitude
Raio Violeta	Como no Céu: Luz não manifesta do Criador; hora do reconhecimento que todos nós devemos retornar ao Criador que emanou este e todos os Universos.
Raio Água-Marinha	Dá-nos o Pão de cada dia: esfera da compaixão e misericórdia. Do Amor podemos receber as dádivas de generosidade divina.
Raio Magenta	Perdoai as nossas ofensas: pedimos a Deus perdão. Como Juiz liberta-nos os pecados. Faça Justiça
Raio Dourado	Assim como perdoamos nossos ofensores: Podemos encontrar a Misericórdia para perdoar os que nos ofenderam e o nosso perdão nos torna dignos da Justiça
Raio Pêssego-Alaranjado	E não nos deixe cair em tentação, mas livra-nos do mal: podemos comparar a raiz de todo mal de todo bem. É também atribuída aos órgãos sexuais, muitas vezes fonte de provação e tentação para toda a Humanidade.
Raio Azul-Cristal com Raios Opalescentes	Pois é Teu o Reino, o Poder e a Glória: O reino da Terra retorna para Deus a quem pertence por direito o poder da realização em todos níveis e Glória onde todas as coisas se realizam. É a Glória da Vitória de Deus sobre todas as provações e tribulações.

A pessoa, de acordo com o raio a que pertence, após realizar o seu Triângulo Cósmico, vai descobrindo todas as mensagens, sugestões, rituais, de como se tornar mais feliz. No final do livro terá um exemplo.

Mais informações no Livro *Quarenta dias com Jesus Cristo, a Luz das Luzes.*

Os Dez Mandamentos e os 12 Raios

1º Raio 1º Mandamento	Eu Sou o Senhor Teu Deus
2º Raio 2º Mandamento	Não terás outros deuses diante de Mim. Não farás nenhuma imagem esculpida nem a servirás
3º Raio 3º Mandamento	Não pronunciarás o Nome do Senhor Teu Deus em vão
4º Raio 4º Mandamento	Lembra-te do Dia de Sábado para santificá-lo. Trabalha durante seis dias. No sétimo, Sábado é do Senhor Teu Deus. Não farás nenhum trabalho nesse dia, nem tu nem tua família, nem teus servos,nem teus animais.
5º Raio 5º Mandamento	Honra teu pai e tua mãe
6º Raio 6º Mandamento	Não matarás
7º Raio 7º Mandamento	Não roubarás
8º Raio 8º Mandamento	Não cometerás adultério
9º Raio 9º Mandamento	Não apresentarás falso testemunho contra teu próximo
10º Raio 10º Mandamento	Não cobiçarás a mulher do próximo nem que lhe pertença
11º Raio 11º Mandamento	Deverão guardar, ser obedientes às Leis de Deus igualmente, por ser de conhecimento os 10 mandamentos com suas experiências em outras vidas.

12º Raio 12º Mandamento	Escuta Ó Israel o Eterno é nosso Deus, o Eterno é único. Amarás ao Eterno, teu Deus de todo teu coração, de toda tua alma e de toda a tua força. Jesus disse: Que estas palavras que te ordeno, sejam gravadas no teu coração e as terás como símbolo entre teu coração. Tu as ensinarás a teus filhos, falando delas ao te sentares na tua casa, quando estiveres a caminho, ao te deitares e ao te levantares. E as atarás como sinal à tua mão e as terás como símbolo espiritual entre teus olhos. E as escreverás nos batentes de tua casa e nas tuas portas.

O Sermão da Montanha e os Doze Raios

Os ensinamentos do Senhor Jesus, o Cristo, assemelham-se aos 10 mandamentos.

1º Raio 1º Sermão	Ama o Senhor, Teu Deus de todo o teu coração, de toda tua alma e de todo o teu entendimento.
2º Raio 2º Sermão	Ama teu próximo como a ti mesmo.
3º Raio 3º Sermão	Ama teus inimigos, faze o bem aos que te odeiam, bendize os que te amaldiçoam e ora pelos que te difamam.
4º Raio 4º Sermão	Ao dares esmola, não saiba a tua mão esquerda o que faz a direita.
5º Raio 5º Sermão	Não julgues para não seres julgado.
6º Raio 6º Sermão	Ao acender a lâmpada, não a coloques em lugar oculto, mas sobre o candeeiro, para que dê claridade a todos que estão na casa.
7º Raio 7º Sermão	Não jogues pérolas aos porcos.

---

*. Busque melhores informações a este respeito no Livro Sagrado, *A Bíblia* e no Livro *Quarenta Dias com Jesus Cristo*, da mesma autora.

8º Raio 8º Sermão	Pede e receberás. Procura, porque largo e espaçoso é o caminho que conduz à perdição.
9º Raio 9º Sermão	Sede Misericordioso como vosso Pai é misericordioso.
10º Raio 10º Sermão	Eu te darei as chaves do Reino dos Céus e o que ligares na Terra será ligado nos céus e o que desligares na Terra será desligado nos Céus.
11º Raio 11º Sermão	Possui um conhecimento que encerra um ensinamento de Jesus que diz: Nada há encoberto que não venha a ser descoberto; nem de oculto que não venha a ser revelado.
12º Raio 12º Sermão	Bem-Aventurados os que promovem a Paz, porque serão chamados Filhos de Deus. Jesus disse: Eu vos deixo a Paz, Eu vos dou a minha Paz, para que a alegria esteja em vós.

O Sermão de Jesus Cristo deixa claro quanto à missão de toda a Humanidade, mas claríssimo está para aqueles estudantes, chelas, discípulos da Grande Fraternidade Branca e dos doze raios cósmicos.

No 1º, a Luz das Luzes, Jesus Cristo deixa claro que amar a Deus e conhecer o seu nome traz vantagens indescritíveis.

O Salmo 91 afirma que uma pessoa que ama a Deus terá proteção divina e viverá longa vida, repleta de glórias.

No 2º, Jesus diz: *Ama teu próximo como a ti mesmo.* Para Deus, o próximo simboliza toda a Humanidade e todo o Universo criado.

Devemos amar tudo o que existe na medida em que amamos a nós próprios.

No 3º, Jesus diz, como extensão do 2º, Amar a tudo, inclusive os que nos odeiam e nos fazem mal.

Esse amor implica compreender os motivos que movem essas pessoas.

No 4º, Jesus diz: *Ao dares esmolas, não saiba tua mão esquerda o que faz a direita.* Compaixão é o mesmo que dizer: *o pão nosso de cada dia dá-nos hoje.*

Pedimos Generosidade de Deus e devemos dá-la se queremos abundância e prosperidade prometidas. Precisamos aprender a dar e a receber.

No 5º, Jesus Diz: *Não julgues para não seres julgados.* Jesus quer nos fazer ver que não devemos nos preocupar com o que acontece com o dinheiro que damos de esmola.

Não devemos julgar ou imaginar o que estará sendo feito com o que foi doado por você.

No 6º, Jesus diz: *Ao acender a lâmpada não coloque oculta, mas sobre o candeeiro, para que a claridade a todos os que estão na casa seja como a esfera do Sol, que a tudo e a todos ilumina.*

Isto representa a riqueza, boa saúde, sucesso, capacidade mental e poder em geral, que ocorre quando assim agimos.

No 7º Mandamento, Jesus diz: *Não jogues pérolas aos porcos.* Ela representa amor às artes, música, entretenimento e prazeres, tudo aquilo pelo que vale a pena viver. São pérolas valorosas e não devem ser desperdiçadas com os que não conhecem o seu valor.

Devem-se examinar com discernimento tudo o que se pede, pois é uma esfera de Poder e alquimia. Os pensamentos juntam-se e são manifestados. Por isso Jesus disse que não jogássemos pérolas aos porcos.

No 8º Jesus disse: *Pede e Receberás. Bata e a porta se abrirá. Procura e acharás.* Significa que as pessoas devem buscar o que lhes é vital para ser realizado.

Usar o bom-senso para ter certeza de que aquilo que deseja tem realmente valor.

No 9º mandamento Jesus diz: *Entra pela porta estreita, porque largo e espaçoso é o caminho que conduz à perdição,* referindo-se aos sonhos; às mudanças, pois o ser humano está muito envolvido nas ilusões e tentações. O caminho está cheio de obstáculos e perigos. Na correspondência com o Pai Nosso, pede-se a Deus para livrar-nos do maligno.

Por isso devemos preferir a porta estreita, nunca cedendo a nossas fantasias e desejos vãos, tomando decisões com cautela, repelindo ideias que se afastam da verdade, etc...

No 10º Mandamento, Jesus, em verdade faz uma promessa a Pedro e por meio dele a nós: *Dar-te-ei as chaves do reino dos Céus e o que ligares na Terra será ligado nos Céus, e o que desligares na Terra será desligado nos Céus.*

O que o Bem-Amado Jesus Cristo disse, é que tudo o que se deseja que aconteça na Terra, no mundo material, encontrará no Céu, no mundo material.

Assim também é possível desligar, desfazer, mudar as coisas no mundo material da mesma forma. Esta possibilidade existe porque a vontade humana foi devolvida a Deus, tornando-se uma só coisa, só com a vontade do Criador.

Mas, Jesus deixa claro que é preciso ser as chaves e essas chaves ou códigos secretos estão nos próprios ensinamentos de Jesus. É preciso buscar para achar o lugar e as pessoas certas para nos mostrar.

Para o 11º e 12º Jesus diz: *quem tem ouvidos para ouvir que ouça.*

Isto é uma chave de um dos caminhos. Qual?

É a jornada pelos caminhos. São vários graus de iluminação.

Descubra o seu. Agora reúna as informações aqui contidas em vários caminhos e encontrará uma chave.

O Caminho Segundo a Cabala Santa

Sabemos que os cabalistas dizem que todo ser criado é obrigado a compreender a raiz de sua alma, significando que o propósito desta, cheia de esperança, é união definitiva e final com seu Criador. O encontro entre o Criador e a Criatura. O retorno do filho pródigo para casa, a Casa de Muitas Moradas. Esta união cinge-se pela cobertura dos atributos maiores do Pai, consagrando a cada um na substância imorredoura da eternidade.

Lembramo-nos do texto sagrado a Torah, onde se lê: *Todos vós fizestes com Sabedoria*, ou seja, que Ele criou todo o Universo com Sua Sabedoria e preencheu-se de sua criação, inclusive nós mesmos, para que pudéssemos aprender a ser como Ele.

Agora, quando nos interessamos pelas verdades visíveis e invisíveis do Universo nós acabamos nos deparando, em algum momento do caminho, com o desejo de aprofundar esse conhecimento.

Muitos dos homens são atraídos quase naturalmente para o estudo da Luz e dos Mistérios do Cosmos. Existem os que, durante o trajeto, preferem não permanecer atados a doutrinas fechadas, estanques ou a hierarquias eclesiásticas. Não se deixam, por assim dizer, seduzir pelo canto da sereia do Universo material e se voltam para a vida espiritual muitas vezes como última esperança.

O ponto de partida e as condições da estrada pouco importam, já que o desfecho, como soe acontecer, é uma compreensão das verdades imortais que compõem sempre as leis cósmicas.

Porém, o que faz a diferença é exatamente atingir o cume da montanha mais alta – a simbologia que as escolas de mistérios de todas as eras utilizam – e aqui pedimos permissão para citá-la, para nos referir, exatamente, ao processo iniciático que leva ao autoconhecimento do ser e integração final com o Supremo Arquiteto do Universo, a que chamamos Deus.

Muito seres iluminados vieram à Terra (Avatares, Mestres, etc.), com o intuito de prestar auxílio de valor incalculável, e assim propiciar a graduação na escola da vida terrena.

Santos que pecorreram a jornada neste orbe, fruto de mandamento divino, no contínuo processo evolutivo, trilharam estes caminhos, não com vida sacrificial, mas sim sacramental. Na verdade, como oferta feita de livre vontade a Deus que no momento certo do despertar consciencial, também será feito por todos, um dia (e alguns já começaram o processo) como parte da viagem de regresso ao coração de Deus.

Desta forma, todo o conhecimento aplainado pela palavra assentada em textos como este livro, quer por inspiração maior quer pela canalização das mensagens dos Mestres Ascensos, visa conduzir cada um por um caminho não largo, mas a um caminho estreito, que o levará à porta interna do seu ser, onde a chave somente você tem, onde não há fechadura pelo lado de fora, somente pelo lado de dentro. Destrancai-a enquanto é tempo pela humildade de reconhecer que ainda nada sabemos.

Portanto, o buscador, purificado por esta humildade e determinado pela paciência, não vacila, não teme, ao contrário, entrega-se ao caminho.

> *Feliz o que já era antes de surgir. Se vos tornardes meus discípulos e ouvirdes minhas palavras, estas palavras estarão ao vosso serviço. Com efeito, há cinco árvores para vós no Paraíso que permanecem inalteradas no inverno e no verão e cujas folhas não caem. Aquele que as conhecer não provará a morte. Disse Jesus, o Cristo.*

Não nos esqueçamos de que ele desceu em um raio de luz (como nós mesmos) e veio ensinar por um tempo na Terra dos homens tristes. Ele sabia que a estupidez deles não permitiria que assimilassem os seus ensinamentos.

As muitas mansões do Pai aguardam o desenvolvimento das correntes de vida devotas que buscam conscientemente a senda da imortalidade, graduando-se na escola da vida de forma a poder servir "aqui" ou "acolá".

Em verdade, EU SOU aqui, EU SOU lá, EU SOU em toda parte no serviço ao meu Deus, ao Deus único e verdadeiro! Esta é a afirmativa cósmica atual, ou seja, a estrela d'alva que surge. (2 Pe: 1,19). Nunca deverá faltar, portanto, ao eleito a felicidade, derivada da busca da tocha da oportunidade a fim de que possa servir ao Altíssimo aqui na Terra.

Escrever a respeito destes fatos visa assinalar de forma efetiva aquilo que todos devem saber, pois o tempo da revelação é chegado. Nada mais deve ser ocultado da Humanidade. Parece que tudo está correto, mas gerar a irrealidade confundindo o homem para que acredite ser a realidade, iludir com a mentira, fazendo crer ser a verdade, esse é o estratagema. Não há salvação, todos devem passar pela morte, dizem.

Portanto, se considerarmos que o próprio planeta busca a sua elevação e ascensão, a vitória de cada ser humano contribui sobremaneira para a vitória do todo.

E é exatamente o que os Mestres desejam de nós. Que possamos beber do néctar do Ser Divino, que transmutemos todas as dificuldades que encontramos pelo caminho probatório e nos libertemos da servidão terrena. Pois há muito trabalho a realizar em outras dimensões de existência. Deve-se buscar com afinco e dedicação não escapar ao serviço e ao trabalho, mas escapar das coisas que têm colocado a Humanidade na prisão, para que assim, quando a trombeta da vitória ressoar, esta seja uma vitória ascendente.

A respeito disto, os Mestres Ascensos nos ensinam, e principalmente o Hierofante de Luxor, que há pessoas que se aproximam dos portais da ascensão e são mandadas de volta por alguns dos motivos que as mantiveram presas anteriormente e cujas causas não foram totalmente eliminadas.

A Mente Infinita criou o homem para que ele expandisse a sua consciência até chegar ao infinito. O finito não é mais que um salto que permite passar do vazio de uma realidade cega para a segurança do domínio da prova concretizada. Os homens, portanto, demonstram a lei obedecendo à lei. Eles veem a verdade sendo a verdade. Eles ascendem através da fé e não da dúvida.

Creia. Exercite a Fé. Trabalhe e cumpra o real propósito de sua existência atual, libertando-se da dor, da doença e da morte. Voe nas asas da Liberdade rumo à Eternidade.

Sigamos, pois já é tarde e em breve irromperá um Novo Dia!

A Vida Humana e seu Tempo

Quantos anos deve o homem viver? Qual o período de vida possível neste orbe planetário?

A Palavra do Senhor foi dita e encontra-se no *Livro de Salmos*, onde está escrito que o homem viveria 70 anos podendo chegar a 80 anos se fosse vigoroso. Bem, partindo deste ponto podemos imaginar que falar em 120 anos como idade e tempo de vida seria uma exceção no tempo em que vivemos, com má alimentação, qualidade do ar indesejável, falta de exercícios físicos, etc... Mas, não podemos nos esquecer de que o Senhor falou no passado, em outro tempo, quando nada disto existia, época em que o homem caminhava centenas de quilômetros, até mesmo pelo deserto, e inclusive o tempo, o cronômetro era outro, pois não havia sofrido as influências, as modificações no calendário, como hoje que se segue na Terra o calendário gregoriano na maioria dos países.

Assim, em uma análise bem simples, se nós imaginássemos o dia em que nascemos, por exemplo, uma segunda-feira, no ano seguinte, o primeiro aniversário, seguindo esse calendário, seria qualquer dia da semana, menos a segunda-feira. Confiram.

Porque estamos dizendo isto? Porque certamente se nós contarmos os meses com 28 dias que é o ciclo lunar (de 7 em 7 dias a lua muda), veremos que este tempo deve ter sido o que contava no passado (vejam o ciclo menstrual por exemplo) e portanto, se pegarmos 70 anos multiplicarmos por 365 dias e dividirmos por 28 teremos a idade de 91 anos de idade. Logo, não seria difícil viver mais de 100 anos ou até mesmo 120 anos.

Os Mestres Ascensos nos transmitem um precioso ensinamento.

Saint Germain nos diz: *Se fizermos o gráfico das décadas da vida, veremos que a expectativa de vida para o tempo atual é de 120 anos, para completarmos assim uma década em cada linha do chamado Relógio Cármico.*

Mas na mente irrequieta, titubeante surgem dúvidas e incertezas...

Como é possível? *É possível? Sim, é possível, desde que utilizemos os padrões corretos, a dieta correta, usemos a chama violeta diligentemente e sigamos outros ensinamentos dos Seres de Luz. (Mestres Ascendidos).*

Vamos, então, explicar o que ocorre exatamente com o processo das décadas da vida, ou seja, a cada período de 10 anos.

Para tanto, vamos aplicar uma ciência chamada "psicologia espiritual" que trata dos aspectos da psique humana e que os conduz dentro do círculo chamado "Círculo do Um" ou "do Indiviso", representando as energias de Alfa e Ômega que fluem de forma sequencial, como observamos nas energias do Yin e do Yang que giram em sequência e infinitamente.

A psicologia espiritual tem um contexto diagramático como se fosse um relógio normal, numerado de 12 a 11, dentro de um círculo. Dividimos o círculo em quatro. Em cada quarto do relógio temos três linhas. No primeiro quarto, linhas 12, 1 e 2; no segundo quarto temos linhas 3, 4 e 5; no terceiro quarto temos linhas 6, 7 e 8 e no quarto temos as linhas 9, 10 e 11.(vide figura abaixo).

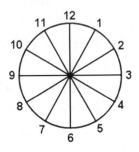

Assim compreendido, passamos então a entender um pouco mais sobre o que são tais décadas, esclarecendo que desde o início os pais, sabendo destes aspectos, podem criar seus filhos dentro dos parâmetros divinos, assim também Maria, a Mãe, criou Jesus Cristo, pois foi exatamente ela que premiou a Humanidade com esta dádiva, este verdadeiro maná de conhecimento e de evolução espiritual.

As Décadas da Vida

De períodos em períodos de tempo, sofremos as influências da chamada psicologia espiritual, sendo que, de certa forma, podemos fazer frente ao processo cármico, porém, para tanto, devemos estar atentos aos ciclos que surgem, hora a hora, linha a linha. Este processo, que ora será demonstrado e explicado detalhadamente servirá de norte para cada um dos leitores, bem como sua aplicabilidade não fica restrita à individualidade do ser, podendo ser aplicado em várias áreas da vida, e, inclusive, para disciplinar as crianças desta era.

Primeiro Ciclo:

Temos o que podemos chamar de linha inicial *(hora 12) ou seja, ciclo que vai ATÉ OS 10 ANOS.*

A primeira década inicia-se no nascimento, na linha das 12 horas. Então, o que ocorre é que os primeiros 10 anos de nossa existência são patrocinados pelo Grande Diretor Divino (veja tabela: os 12 signos e os Mestres Ascensos). Este Ser é o regente, ou seja, que emana para a Terra as energias da constelação de Capricórnio.

E Daí? O que importa saber isso? Bem, nesses 10 anos devemos estabelecer os fundamentos da direção divina e na direção humana das nossas vidas.

Está escrito na Sagrada Torah: *INSTRUI O MENINO NO CAMINHO EM QUE DEVE ANDAR E ATÉ QUANDO ENVELHECER NÃO SE DESVIARÁ DELE.* (Ler em Prov.: 22,6)

Então, esses 10 anos são para modelar a árvore, e assim como a árvore e os galhos crescem, as crianças também crescerão para a vida. Aos 30 anos as pessoas são o que eram aos 03 ou aos 08 anos.

Então, vejamos, nos 10 primeiros anos é que nossa formação se consolida. É o RAIO AZUL da linha do Poder que vibra naquela Linha.

É o tempo em que a criança é maltratada, molestada, sofre crítica, condenação e julgamento. O Cristo que existe na criança é sufocado e o intelecto humano é fortalecido em lugar do verdadeiro desenvolvimento do chacra da coroa que está nesta linha.

Em uma época ou outra a criança recebeu alguma espécie de herança de condenação, quer pelos pais, professores ou pessoas mais velhas que não têm a psicologia resolvida. Isso é algo terrível. Pensem bem nisto.

Contusões, feridas e cicatrizes são as mais fatais que uma criança carrega consigo vida afora. Fazem-na acreditar que ela não tem êxito. E realmente a vida lhe é desfavorável, tudo dá errado, e muitas vezes ela passa pela vida e não encontra as respostas.

Então o que se pode fazer?

Pode-se dar a matriz do Poder Divino nestes DEZ ANOS significando que a criança pode ser educada como um devoto da vontade de Deus. Mas, se os pais não são devotos não incutirão isso na criança. Se forem rebeldes, incutirão a rebeldia em suas crianças.

Qual seria então o remédio, a solução que se pode dar? Ou será que não tem remédio?

Sim, há um bálsamo, um remédio, um elemento curador. Esta década é crucial para todas as demais décadas e a chama violeta (a do 7º Raio) é a única que pode mudar o que foi estabelecido, ou uma pessoa na vida da criança, a quem ela admire e que compense a opressão, que seja mais importante que as negatividades no lar. E isso é bom. É relevante e gratificante.

SEGUNDO CICLO:

Passamos então, depois dos 10 anos, para a primeira linha (Hora 01) que vai se estabelecer dos 10 aos 20 anos de idade.

Temos aqui o que chamamos linha ou hora um, dos dez aos vinte anos, cujo patrocínio é do conhecido mestre Saint Germain, hierarca da Era de Aquário. Temos aqui a chama sagrada do Amor Divino vibrando e irradiando, vindo da constelação de Aquário.

Neste diapasão, a criança estará entrando na puberdade e alcançará ao fim desta os 20 anos de idade. Em muitos casos é interessante que ela participasse de um grupo de escoteiros, pois é este Mestre Ascenso quem os patrocina (ampara). Pode igualmente passar alguns anos na faculdade ou ainda por outros tipos de treinamento.

O que ocorre nesta fase, nesta década, ela consegue por mérito próprio e as relações interpessoais são muito importantes.

O que há de muito importante neste período, é que ela deve compreender perfeitamente o significado de ser um Amigo de Deus, Amigo do Mestre Ascenso, de ser amigo de qualquer pessoa ou ser apenas amigo de si mesmo.

A verdadeira autoapreciação e a preparação para a vida vêm através do chacra da alma, pelo amadurecimento da alma.

A alma será um adulto ao fim de duas décadas, trazendo o corpo etérico (que é o primeiro corpo ou o contido no primeiro quarto do círculo) a luz maior, assim como os registros passados.

O que vemos hoje em dia é uma real e verdadeira oposição ao amor através das drogas, da música rock, da transformação do amor em todo tipo de sensualidade, da introdução de dieta imprópria.

Na verdade e a bem da verdade, é a própria coroação do Amor Divino de Saint Germain que está sofrendo oposição.

Saint Germain é o grande iniciador da juventude, permanece com Pórcia, seu Raio Gêmeo, esperando iniciar toda criança que atinge o décimo aniversário. Os pais devem preparar a criança para esta hora, para que ela seja consagrada e vitoriosa.

Terceiro Ciclo:

Passamos ao terceiro ciclo, ou segunda linha (hora 02), que vai dos vinte anos aos trinta anos. É a chamada linha dois, cujo regente que distribui as energias é o Mestre Maior: *Linha ou hora dois do Relógio – Jesus Cristo.*

Importante que neste momento, sob os auspícios do Mestre dos Mestres, estejamos recebendo a energia de seu Amor, mas segundo os princípios da psicologia espiritual, dentro do círculo do indiviso em Alfa. Mas o que ocorrerá neste período então?

Geralmente, de acordo com a família, precipuamente, a criança, segundo a educação recebida, pode ter obtido os ensinamentos básicos de alguma religião.

Nesta década ela fará o que Jesus fez naquela idade – os últimos dez anos dos "anos perdidos" no Oriente – aperfeiçoando-se nos estudos, na profissão e em ser um discípulo do Cristo, um servo de Deus, um ministro da Palavra Vivente.

Este é o período, é o tempo do patrocínio direto espiritual de Jesus Cristo para o filho ou filha de Deus, consciente de sua condição, ou seja, de ser um coerdeiro em Cristo. Esta década é, portanto, um período em que a pessoa decide casar-se, constituir família, estabelecer-se e construir as bases para sua vocação em Cristo, alicerçado na sua fé e vontade determinante associada à perseverança irrestrita.

Temos ainda que neste período, ou neste tempo que dizemos linha, está em foco o chacra do plexo solar, intimamente relacionado com o corpo dos desejos, do sentir.

Portanto, agora, podemos falar que estes três períodos ou linhas, três décadas referidas, são na verdade uma preparação para o período de 03 anos restantes, isto é, quando irá completar os 33 anos, o ano da Cristicidade Pessoal. Percebam a ligação existente.

Jesus Cristo apenas ensinou no período de 03 anos, ou seja, dos 30 aos 33 anos de idade. Não há referência do que fez no período dos 12 aos 30, por isso vemos a importância do contexto do que ora mostramos.

Desta forma, se os desejos do homem não estão controlados, se as energias não estão controladas, a pessoa não alcançará sucesso em sua profissão ou em sua vocação. É isto que faz a diferença e que leva muitos a perguntarem: Por que ele ou ela faz sucesso e eu não? Onde está o erro ou a falha?

Para tanto, a pessoa tem de se submeter a certo nível de autodisciplina ou não conseguirá ser líder em sua área, naquilo que tem como profissão.

Entre os vinte e os trinta anos é que os fracassos acontecem pela falta de habilidade em controlar o plexo solar, em controlar as energias em movimento (em – moção ou em movimento) as águas interiores. É quando a pessoa fica irritada, explosiva e age de inopino, sem pensar, isto é, de forma irracional. As águas internas são como tempestades no mar, são como uma ressaca na praia. Incontroláveis. Não se medem as consequências dos atos.

Mas, também, temos de falar que o chacra do plexo solar está intimamente ligado ao chacra da garganta (observem que os dois ficam um acima e outro abaixo do chacra do coração – linhas 02/08 e 05/11) e, portanto, quando o chacra do plexo solar está perturbado, frequentemente se expressa pelo mau uso da garganta, da palavra, por meio de palavras indelicadas, grosseiras, coléricas.

Depois de tudo isto, chegou o momento de cada um assumir as rédeas e o controle das emoções e consequentemente do chacra do plexo solar. Este é o momento. Decida-se.

QUARTO CICLO:

Passamos então para a terceira linha, que vai agora se estabelecer entre os 30 e os 40 anos de idade.

Aqui, sob perfeita sintonia, surge a década de Áries, localizada na linha ou hora 03, em que vamos ver que o ser humano está pronto para concretizar o seu ego, mas no plano mental, portanto de forma positiva, um sentido positivo de identidade, um sentido positivo de espírito e de quem realmente se é.

É o momento para reflexão. Pare neste momento e procure responder clara e verdadeiramente a estas questões, mas procure agir sinceramente, pois você estará falando consigo mesmo e respondendo ao seu Eu Superior, ao Eu Divino, à Divindade que tudo sabe.

Quem é você?

Quais são os seus valores?

Você os acumulou nesses trinta anos iniciais?

Qual o perfil de seu caráter?

Como você é visto?

Como você serve às pessoas?

Queridos leitores, esta é a década em que a solidificação da Cristicidade Pessoal, anteriormente já abordada neste livro, chega para ser patrocinada pelo ser cósmico chamado de Hélios.

Mas quem é Hélios?

Hélios no Sol Central deste Sistema favorece cada um com uma identidade pessoal que é forte porque vem da Presença do EU SOU e DO SANTO CRISTO PESSOAL.

O que preciso saber aqui exatamente?

- *Na década dos trinta precisa se transformar naquilo que você é em essência.*

- *SE VOCÊ NÃO SABE QUEM É OU NÃO RESOLVEU A SUA PSICOLOGIA NO QUADRANTE ETÉRICO (o primeiro quadrante do círculo dividido em quatro), vai solidificar e incorporar seus problemas psicológicos na personalidade do ego.*

- *E à medida que se vai passando pelo cinto mental, eles se solidificarão e ficarão mais, muito mais difíceis de ser resolvidos.*

QUADRANTE ETÉRICO (ou o primeiro quadrante, compreendendo as linhas 12, 01 e 02) – VAI DO ZERO AOS DEZ. DOS DEZ AOS VINTE E DOS VINTE AOS TRINTA – é o tempo para resolução. (Primeiro quarto do círculo ou quadrante).

– A grande vantagem de se estar na Senda é que quando se chega ao quadrante mental (segundo quarto do círculo), não se leva para aquele quadrante uma personalidade fragmentada, uma personalidade esquizofrênica.

HÉLIOS, então nos ajuda a selar a nossa integridade divina, o Alfa Ômega, o sentido de 'EU ESTOU NO SOL CENTRAL – O SOL CENTRAL ESTÁ EM MIM'.

QUINTO CICLO:
Dos quarenta ao cinquenta

A QUARTA LINHA ou HORA QUATRO DO RELÓGIO – Mestre Obediência Divina – e sete poderosos Elohim.

Esta linha nos dá oportunidade de estarmos em união absoluta com Deus pela obediência às suas Leis.

Existe bastante segurança na Lei de Deus.

A pessoa é protegida do retorno do carma quando está do lado certo da Lei divina e da lei humana – amando as leis, amando a Vontade de Deus mais do que qualquer outra coisa na vida, sem hesitar.

PERGUNTA: – quando passamos pelo teste de querermos algo, mais do que qualquer coisa neste mundo e Deus diz não, continuamos a amá-lo ainda?

É um teste pelo qual todos têm de passar.

SEXTO CICLO:
Dos cinquenta aos sessenta

Qual o significado dos 50 anos?

É o raio amarelo do quadrante mental.

É a linha ou hora de El Morya, a hierarquia de gêmeos, que dá acesso à mente de Deus. (hora quatro).

> *El Morya definiu a Mente de Gêmeos como: a mente que está equilibrada no ponto de Cristo entre a corrente de Alfa no chacra da coroa e a corrente de Ômega na base do chacra da base – linhas paralelas de consciência, (pérolas de sabedoria de 1981).*

O que aprendemos nesta década?

Aprendemos a Mestria da mente, o selar dos ensinamentos dos Mestres, o selar do corpo mental e de tudo o que devemos aprender através do corpo mental.

As pessoas aprendem os ensinamentos através de seus corações – almas – e chacras, mas, até que demonstrem a doutrina e a teologia, não se transformam em mestres dos ensinamentos.

Esta é a década final da primeira metade do Relógio Cósmico, o impulso de Alfa. A finalização desta linha nos levará para o ponto de retorno de Ômega, que é a ascensão de volta ao coração de Deus, de volta à linha 12 do Relógio.

Este é o tempo que é esperado, que intensifiquemos e aumentemos a capacidade da mente, para limpar a mente, abrir o chacra da coroa, elevar o fogo sagrado em preparação para quando chegarmos à linha seis (06) do Relógio – a linha da Mãe Divina e o ponto mais baixo da descida e entrarmos no quadrante emocional do Relógio e do Plano Astral.

Nós que não estamos destinados a viver 120 anos, temos de entender que nas décadas do lado direito do relógio também precisamos completar as lições das linhas que correspondem ao lado esquerdo do Relógio, o lado de Ômega.

Assim quando estamos trabalhando na linha um do Relógio, estamos trabalhando também na linha sete; quando estamos trabalhando na linha dois, estamos trabalhando na linha oito e assim por diante.

SÉTIMO CICLO:

Dos sessenta aos setenta anos

Ao se chegar a essa década – 60 a 70 anos – se não estiver na Senda do discipulado e não conservou a luz, pode haver uma aceleração no processo de envelhecimento.

Há no Plano Astral a colheita do carma que fizemos na primeira metade do Relógio e essa energia se solidifica muito rapidamente (como a água que cristaliza, congela).

No Terceiro quadrante, esse carma tem seu ciclo no corpo astral e começa o ciclo da manifestação física. É o processo de envelhecimento.

É o período em que as pessoas desenvolvem doenças da idade e começam a pensar que pertencem ao grupo de idosos, que não podem locomover-se como os demais e dependendo de sua atitude, podem ficar muito fracas prematuramente.

Nesta idade, os que são chelas dos Mestres são luminares da comunidade.

Eles nos mostram que quando carregamos a luz por várias vidas e chegamos àquele nível, encarnamos esta luz, que fica bastante visível e ficamos aguardando nossa Vitória.

Trata-se da chamada hora seis.

ESSA DÉCADA DOS 60 AOS 70 ANOS É A LINHA SEIS DO RELÓGIO, INDO PARA A SETE.

É O CHACRA DA BASE, NO QUAL COLHEMOS O CARMA DO ABUSO DO FOGO SAGRADO COMETIDO NESTA VIDA E EM VIDAS ANTERIORES.

OITAVO CICLO:

Dos setenta aos oitenta
Linha sete

O Ser humano tende a cometer abusos durante sua existência, muitas vezes o fazendo pela imposição dos sentidos que lhe dão prazer, sem se dar conta de que neste contexto, tudo é passageiro, efêmero.

Iludido pelas circunstâncias, pelo meio ambiente periférico, pelo convívio no estreito círculo social, vê-se na esfera do comportamento provocado e aceito, sujeito ao sucesso momentâneo, sem se preocupar com o desencadear do processo e da montanha do carma.

Portanto, aqui lidamos nesta linha com o carma de todos os abusos de luz no chacra da alma.

NONO CICLO:

Dos oitenta aos noventa
Linha oito

De forma subsequente, o ser humano vai ter de dar conta do resultado que provocou ou produziu, uma vez que, pelo poder do sol que existe em seu interior (área do plexo), dependendo da forma com que se conduziu, o resultado pode ser catastrófico.

Portanto, aqui Lidamos com os abusos da Luz no plexo solar.

Décimo Ciclo:

Dos noventa aos cento e vinte anos
Linha nove

Quadrante físico

É a linha 09 do relógio que se traz para o plano físico.

A década dos 90 anos é a linha do espírito santo e o chacra do coração.

Linha dez – 100 anos

Linha onze – 110 anos

Linha doze – 120 anos

Os grandes patriarcas do passado e alguns em outras sociedades conseguiram isto.

O propósito deste ensinamento não é, necessariamente, inspirar a todos a viver até uma idade avançada, mas especialmente a intensificar a qualidade do fogo sagrado na década em que você está e alcançar a mestria máxima, a santificação máxima, a iniciação máxima dos Mestres que estão patrocinando aquela linha do relógio.

Se fizer isto, a qualquer hora em que for chamado para outras oitavas – seja para a sua ascensão ou por qualquer razão – através das décadas até aquela hora, você terá armazenado luz suficiente para as décadas futuras e para a finalização de todas as linhas do relógio.

A EXPLICAÇÃO DOS 12 DISCÍPULOS

Enumeramos os seus nomes em cada uma das linhas ou horas do relógio cármico, como segue e consta ainda da tabela anterior:

12 – André

01 – Filipe

02 – Tomé

03 – Simão Pedro

04 – Bartolomeu

05 – Mateus

06 – Tiago, o Maior

07 – Judas

08 – Tiago, o Menor

09 – João, o Bem-amado

10 – Judas Iscariostes – Matias

11 – Simão, o Cananeu

Os 12 discípulos de Jesus estão representados nessas linhas.

Jesus é o núcleo de fogo branco no centro e os discípulos no Relógio uma missão conferida a cada um deles para alcançar a mestria naquela linha.

Para cada discípulo foi pedido que concentrasse 1/12 – um duodécimo – do relógio da integridade, enquanto para Jesus foi solicitado focalizar a Mestria de todas as doze.

André, Filipe e Tomé guardaram a chama no corpo etérico. Serviram às hierarquias de Capricórnio, Aquário e Peixes para ensinar aos que são discípulos do Cristo como dominar as energias do Poder Divino, do Amor Divino e da Mestria Divina.

Para quem nasceu sob qualquer desses signos solares pode invocar o corpo causal do discípulo que está na linha correspondente para conceder-lhe o momentum de sua mestria naquela linha, para que você possa servir com ele na mandala do Cristo.

No quadrante mental estão Simão Pedro, Bartolomeu e Mateus, servindo na linha três, quatro e cinco, – Áries, Touro e Gêmeos.

Se você é de um destes signos, faça invocações em nome de Cristo para que o Corpo Causal da mestria dele seja transferido para você como um manto, um momentum de vitória.

No quadrante emocional, servindo às hierarquias de Câncer, Leão e Virgem, estão os apóstolos Tiago, o Maior, Judas e Tiago, o Menor. Eles deveriam dominar estas energias emocionais e desta forma qualquer mestria que eles tenham manifestado, pela invocação, lhe pertence; é sua por meio do pedido, pelo Fiat em nome do Cristo.

No quadrante físico, servindo nas linhas de Libra, Escorpião e Sagitário, estão João, o Amado, Judas Iscariotes (que foi substituído por Matias) e Simão, o Cananeu. Um destes três discípulos é seu parceiro se você nasceu sob um destes três signos, e você trabalha como eles para manter a mandala da dispensação cristã, a dispensação de peixes.

Até onde se sabe João, o Amado, foi o único dos doze que fez a ascensão no fim daquela vida. Todos os demais reencarnaram.

Esteja ou não o apóstolo da sua linha Ascenso ou não, você pode invocar o corpo causal para receber a mestria dele.

Entretanto, se eles ainda não estiverem Ascensos, existe um momentum de energia desqualificada daquela linha que se opõe à manifestação total do Cristianismo.

Enquanto serve nessa linha, você pode pedir a transmutação do cinto eletrônico do apóstolo. Fazendo isso, o ajudará a manter a chama e o foco naquela linha.

Há dois outros apóstolos que ascenderam desde a encarnação da Galileia. Um é Judas Iscariotes, na linha dez, na encarnação seguinte, cheio de remorso, dedicou-se de tal modo, tão intensamente orou e dedicou-se à chama de Jesus Cristo, que ascendeu.

Somente há alguns anos, o apóstolo Tiago, da linha seis, ascendeu no fim de sua encarnação feminina como a primeira Mãe da Chama da Fraternidade dos Guardiães – Clara Louise Kieninger.

Suas memórias estão no livro **IchDien – Eu Sirvo**. Esse foi o lema enquanto trabalhou como enfermeira.

A Cabala e a Astrologia

A tabela cabalística é para que, de acordo com seu signo e de acordo com o signo regente em cada mês do ano, você se oriente com a luz e os desafios que de cada signo emana.

Astrologia Cabalística

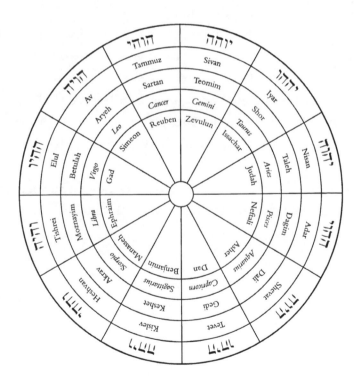

Dentro da Cabala temos duas abordagens diferentes da Astrologia. A primeira nos fala da divisão do ano em 12 meses distintos, cada um deles regido por uma constelação (a palavra constelação também significa mazal, "sorte"), sendo cada uma delas representada por um signo.

(Para quem não sabe os doze signos do Zodíaco são constelações no céu).

A cada mês então, de acordo com a Cabala, temos acesso a uma manifestação diferente da energia divina. De fato, cada ano abre doze oportunidades de crescimento espiritual diferentes. Desse modo, a cada mês temos os seguintes desafios a serem enfrentados e vencidos:

Nissan / Áries (março/abril): ocorre um impulso extra de energia sinalizado pelo carneiro (Áries) que possibilita a libertação das armadilhas do Ego, considerado este o grande vilão pessoal para a Cabala, que impede o processo evolutivo.

Iyar / Touro (abril/maio): ao percorrer este mês, devemos passar por momentos de introspecção, a fim de retificarmos a nefesh (ou seja, porção mais animalesca da alma) e refinarmos nossos traços interiores, buscando a autotransformação pessoal.

Sivan / Gêmeos (maio/junho): importante este mês em que a energia da Torah (a Lei, os cinco primeiros livros de *O Velho Testamento* conhecido como Pentateuco) é recebida no Monte Sinai por Moisés, favorecendo a superação da dualidade a fim de nos tornar um com Deus.

Tammuz / Câncer (junho/julho): a energia desse mês é especialmente benéfica para trabalhos de cura ou prevenção de doenças. Desenvolver atividades espirituais visando à recuperação da saúde também pode beneficiar a cura.

Av / Leão (julho/agosto): este mês é perigoso, devendo ter extrema cautela. O mês mais negativo e mais positivo ao mesmo tempo (refletindo os exageros do Leão) é o período no qual se espera o Messias e o encontro da Alma Gêmea. Pode-se realizar trabalhos meditativos para esta finalidade. Deve ser observado que é neste mês que o risco de contrair a doença mortal é grande.

Elul / Virgem (agosto/setembro): este é o mês propício para a purificação, do exame minucioso e criterioso de nossas falhas a fim de terminarmos o ano (o calendário civil dos judeus termina em Elul) de forma positiva. Examinar a consciência e demonstrar arrependimento visando ao processo de redenção.

Tishrê / Libra (setembro/outubro): surge aqui o ano novo e a promessa de vida até o próximo ano no Dia da Reparação (YomKippur) são as oportunidades abertas nesse mês. O perdão das ofensas a si, aos seus semelhantes, às gerações, ao Universo.

Mar Cheshvan /Escorpião (outubro/novembro): propício para a verdadeira transformação. Transformar "mês amargo" (que é a tradução do nome mar cheshvan) em "mês elevado" é o desafio imposto nesse mês, um período em que, pelo esforço e consciência, podemos transcender tudo o que é mundano, elevando-nos a patamares superiores.

Kislev / Sagitário (Novembro/dezembro): no mês em que ocorre a festa das luzes (Chanukah), como celebração de um milagre acontecido há mais de dois mil anos atrás, podemos operar verdadeiros milagres em nossas vidas.

Tevet / Capricórnio (dezembro/janeiro): período considerado difícil, em que tendemos a nos distanciar mais de Deus e focar apenas a matéria. Tevet conta com um resquício da energia de milagres do Chanukah (que termina no segundo dia desse mês) para nos ajudar até o final. Devemos buscar ter maior interação com a Palavra Vivente.

Shvat / Aquário (janeiro/fevereiro): no mês em que as águas sobem carregadas pelo tronco das árvores e com isso trazem uma nova vida, podemos nós mesmos começar uma "nova vida". Momento de renovação e transformação pessoal. Renascimento.

Adar / Peixes (fev/março): o mais feliz dos doze meses, no qual a essência de Deus paira sobre as cabeças de todos e nos ensina que o final está engastado no começo. O Início e o fim, interligados. A conclusão das obrigações materiais e espirituais. Momento de reflexão e unificação com a Consciência Maior. Conhecer mais a Torah.

As Doze Tribos em Resumo

1. Tribo de Rúben

Significado de Rúben: "Eis um filho".

Primogênito de Jacó e Lia. Eis um filho! Foi um favor especial que Elohim concedeu a ela e, conforme o nome do menino parece indicar uma bênção inesperada (Gn: 29,32): *E concebeu Lia, e deu à luz um filho, e chamou-o Rúben; pois disse: Porque o Eterno atendeu à minha aflição, por isso agora me amará o meu marido.*

Outro sentido de "Rúben" que além de significar "Eis um filho" ao mesmo tempo pode soar significantemente parecido com a ideia de "ele viu a minha aflição", "ver".

Rúben revelou alguém cheio de energia e determinação, mas não muito disciplinado. Ele cometeu um crime bem repulsivo conforme podemos verificar em (Genesis: 35,22). A posição destacada de líder passou para Judá (Gn: 49,8-10). E a porção dobrada para os filhos de José. (Gn: 48,5).

Foi a primeira tribo a se instalar, mesmo antes da transferência da liderança de Moisés para Josué. (Nm: 32).

Essa tribo se instalou no planalto de Moabe ao norte do Rio Arnom.

2. Tribo de Simeão

Significado de Simeão: "Ouvindo ou Audição". No hebraico é audição.

Segundo filho de Jacó e Lia (Gn: 29,33). Nome dado à Segunda tribo de Israel.

Simeão é mencionado por diversas vezes em sua posição apropriada, isto é, o segundo lugar, nos capítulos que abordam a organização e arranjo do acampamento de Israel (Nm: 1,6, 22, 23):

> De Simeão, Selumiel, filho de Zurisadai; Dos filhos de Simeão, as suas gerações pelas suas famílias, segundo a casa dos seus pais; os seus contados, pelo número dos nomes, cabeça por cabeça, todo o homem de vinte anos para cima, todos os que podiam sair à guerra. Foram contados deles, da tribo de Simeão...

A tribo de Simeão, a exemplo de várias outras, não conseguiu capturar todo o território que lhe foi atribuído.

Mas que, a despeito disso, a tribo era importante na área sul da terra prometida, isso pode ser demonstrado pelo fato de que um maior número de homens aliou-se a Davi, no início da monarquia, provenientes de Simeão, em um total de 7.100 homens. A incrustação de Simeão, dentro do território de Judá, significou que as duas tribos foram se misturando cada vez mais, e que Judá tornou-se a tribo predominante dentre as duas. (Jz: 1,3).

3. Tribo de Levi

Significado de Levi: "Unido".

"Desta vez se unirá mais a mim meu marido".

LEVI, muitos estudiosos associavam a palavra hebraica "LAVAH" com o nome próprio Levi, que significa "unir, juntar". Em (Nm: 18,2-4) há um jogo de palavras com esse sentido, como se vê:

> E também farás chegar contigo a teus irmãos, a tribo de Levi, a tribo de teu pai, para que se ajuntem a ti, e te sirvam; mas tu e teus filhos contigo estareis perante a tenda do testemunho. Mas se ajuntarão a ti, e farão o serviço da tenda da congregação em todo o ministério da tenda; e o estranho não se chegará a vós.

Levi foi o terceiro filho de Jacó com Lia. (Gn: 29,34).

Levi, progenitor da tribo de Levi, participou de um incidente particularmente reprovável. (Gn: 34).

Sua irmã Diná foi violentada por Siquém, filho do cananeu Hamor. Ele teria então permissão para se casar com ela caso ele e toda a sua cidade aceitassem ser circuncidados. Eles se circuncidaram, mas, enquanto se recuperavam da operação, Simeão e Levi foram à cidade e mataram todos os habitantes do sexo masculino. (Gn: 34,25-26).

Seu pai Jacó ficou muito indignado com esse acontecimento que mesmo no leito de morte se lembrou disso. Em vez de abençoar Levi, ele predisse, que tanto os seus descendentes quanto os de Simeão ficariam espalhados no meio de Israel. (Gn: 49,7).

Pela fé os descendentes de Levi transformaram-se em uma bênção.

Presume-se que a tribo de Levi não participou do incidente do bezerro de ouro (Gn: 32), demonstrando assim uma posição espiritual superior, e provando que sua escolha para o serviço sagrado estava justificada.

Hashem adotou essa tribo como sua própria herança em lugar do primogênito de cada família (Nm: 3,11-13):

> *Eis que tenho tomado os levitas do meio dos filhos de Israel, em lugar de todo o primogênito, que abre a madre, entre os filhos de Israel; e os levitas serão meus.Porque todo o primogênito é meu; desde o dia em que tenho ferido a todo o primogênito na Terra do Egito, santifiquei para mim todo o primogênito em Israel, desde o homem até ao animal: meus serão; Eu sou o Elohim Eterno.*

4. TRIBO DE JUDAH

Significado de Judah:"Desta vez louvarei ao Eterno Elohim".

Judá foi o nome do quarto filho do patriarca Jacó, nascido de Lia. Em (Gn: 29,35): *E concebeu outra vez e deu à luz um filho, dizendo: Esta vez louvarei ao Eterno Elohim. Por isso chamou-o Judá; e cessou de dar à luz.* Oferece uma explicação do significado do nome Judá em hebraico; "dar graças", "elogiar", "louvar".

Em (Gn: 49,8) então o patriarca prossegue com promessas específicas. A graça soberana de Elohim estava, porém, atuando na vida de Judá, tanto no fato de ele se tornar um líder entre seus irmãos. (Gn: 43,3; 44,14; 46,28).

Foi Judá que mais se destacou em arrependimento e confissão pelo pecado contra José. (Gn: 43,8).

A bênção de Jacó prometeu a Judá: liderança, vitória e reinado.

> *Judá, a ti te louvarão os teus irmãos; a tua mão será sobre o pescoço de teus inimigos; os filhos de teu pai a ti se inclinarão. Judá é um leãozinho: da presa, meu filho,tu subiste; encurva-se, e deita-se como um leão, e como um leão velho; quem o despertará? O cetro não se arredará de Judá, nem o legislador dentre seus pés, até que o tributo lhe seja trazido; e a ele se congregarão os povos. Ele amarrará o seu jumentinho à vida, e o filho da sua jumenta à cepa mais excelente; ele lavará a sua roupa no vinho, e a sua capa em sangue de uvas. Os olhos serão vermelhos de vinho, e os dentes brancos de leite.* (Gn: 49,8-12).

Antecipando assim a linhagem real estabelecida pela aliança com Davi e, derradeiramente, com o Senhor, Jesus Cristo, que haveria de combinar em sua pessoa o rei, o ungido (Messias).

Claro que Judá era o nome de uma tribo que não teria maior realce até que Davi, filho de Jessé, foi ungido rei sobre Judá e, posteriormente, sobre todo o Yisrael. (II Sm: 2,4).

A contribuição religiosa significativa de Judá foi o estabelecimento de Yerushalaim (no território de Judá) como *O lugar que o Eterno vosso Elohim escolher... Para ali por seu nome.* (Dt: 12,5-11-14-18-21-26).

Depois da apostasia de Salomão (I Rs: 11,1-13), Elohim separou Yisrael (dez tribos) de Judá, que desde os dias de Josué incluía o território de Simeão. (Is: 19,9). Embora os profetas falassem do povo de Israel e dos filhos de Judá na condição do povo de Elohim por causa de um relacionamento de aliança que tem origem em Abraão. Assim mesmo o relacionamento da aliança prosseguiu através de Judá somente após a desastrosa queda de Samaria e do Reino do Norte. Usa-se o nome "Yisrael" mais especificamente para designar o povo com quem Elohim estabeleceu aliança, denotando a totalidade dos eleitos, que então unidos a Adonai, mas depois da queda de Samaria Miquéias, Isaías e outros escritores usam o termo "Yisrael" ao falarem de Judá, que em essência é um nome político.

Mas, Judá como Nação deveria durar pouco mais de um século, pois o cativeiro babilônico já estava declarado.(Is: 5,7).

Os profetas estiveram continuamente chamando o povo de Elohim a voltar para o verdadeiro relacionamento da aliança.

Com o exílio babilônico, Judá não perde sua identidade básica, embora fosse um povo que não estava em sua própria terra.

Uma pequena porcentagem retornou para sua pátria durante o período persa, embora os dois grupos tenham, em última instância, participado da atuação providencial de Elohim.

O remanescente que voltou à terra tornou-se o canal pelo qual veio o messias prometido.

5. Tribo de Dan

Significado de Dan: "Meu Pai [Adonai] é juiz".

"O Eterno me julgou e também me ouviu a voz".

Essa tribo consistia nos descendentes do patriarca Dã, filho de Yaakov com Bila, criada de Raquel e concubina de Yaakov. (Gn: 30,6).

Essa tribo, na época do Shemot/Êxodo, era a segunda mais numerosa das tribos de Yisrael com 62.700 homens. (Nm: 1,39).

Seu território, porção noroeste de Canaã, mas, visto que a área era muito pequena para a tribo, um grupo de danitas buscou estabelecer-se bem ao sul de Canaã. Foi assim que eles ocuparam o distrito de "Lesém", que foi conquistado com relativa facilidade. "Lesém" foi rebatizado com o nome de "Dã", que veio a indicar extremo norte do território de Israel.

O território original que Dã recebeu era fértil, ocupavam-se do comércio e da pesca. (Jz: 5,17).

6. Tribo de Naftali

Significado de Naftali: "Minha Luta".

"Com grandes lutas tenho competido com minha irmã, e logrei prevalecer".

Foi o sexto filho de Jacó e o segundo de Bila, criada de Raquel. Era irmão de Dã.

O território dos descendentes de Naftali ficava ao Norte e ao ocidente do mar da Galileia, estendendo-se desde as montanhas do Líbano, até as extremidades daquele lago. Incluía as áreas ricas e férteis adjacentes às cabeceiras do Rio Jordão e a praia ocidental do Mar da Galileia. (Dt: 33,23), (Js: 19,32-39).

Na qualidade de tribo de fronteira, o território de Naftali estava sujeito a muitas invasões vindas do norte e do leste. O cântico de Débora celebra os heróis de Naftali, que arriscaram a própria vida a fim de participarem do livramento de Yisrael. (Jz: 5,18).

No primeiro censo de Yisrael essa tribo contava com 53.400 homens, sendo então a sexta mais numerosa das tribos. (Nm: 1,43).

7. TRIBO DE GADE

Significado de Gade: "Afortunado".

O sétimo filho de Yaakov era filho de Zilpa, criada de Lia, concubina de Yaakov. Ele foi chamado assim para indicar que uma tropa (ou muitos filhos) ou uma boa fortuna estavam chegando. (Gn: 30,9-11).

Quando essa tribo saiu do Egito, foi encabeçada por Eleasafe, filho de Deuel. Dispunha de 45.650 homens aptos para o serviço militar. Porém, durante a peregrinação pelo deserto, seu número diminuiu para 40.500. (Nm: 1,24-25).

Terminada a conquista da Terra de Canaã, a cada tribo de Ysrael foi dada uma parcela por herança. A Terra de Gade é uma alusão bíblica àquela porção que os homens dessa tribo receberam. (I Sm: 13,7), (Jr: 49,1).

Situava-se a leste do Rio Jordão, em Gileade, ao norte do território que coube a Rúben, e separada do território dos amonitas pelo Rio Jaboque.

Porém, compreendemos que é muito difícil traçar linhas fronteiriças exatas entre tribos de atividades pastoris.

Em (Js: 13,25), a Terra de Gade é chamada metade das terras dos filhos de Amom. Isso não porque os amonitas, então, fossem os donos dessas terras, mas, porque a porção ocidental das margens do Rio Jaboque antes tivera esse nome. As cidades principais da tribo eram chamadas de "Cidades de Gileade". (Js: 13,25).

8. TRIBO DE ASER

Significado de Aser: "É a minha Felicidade".

Filho de Yaakov com Zilpa, ama de Lia. (Gn: 30,13).

Quando Yisrael partiu do Egito, essa tribo contava com cerca de 41.500 homens, o que a tornava a nona tribo em número, apenas com Efraim, Manassés e Benjamim, menores que ela. Antes de entrar na Terra de Canaã, houve um aumento de 11.900 homens.

A herança dessa tribo ficava em uma região extremamente frutífera, tendo o Líbano ao norte, o Carmelo ao sul e a tribo de Issacar a leste.

No período do rei Davi, a tribo de Asher supriu guerreiros para o exército de Davi. (I Cr: 12,36).

Após a queda de Yisrael, alguns aseritas ajudaram a reavivar a Páscoa, em Yerushalaim, de acordo com as determinações de Ezequias. (II Cr: 30,11).

9. Tribo de Issacar

Significado de Issacar: "O Eterno me recompensou".

Foi chamado de "Homem de aluguel". (Por causa do aluguel pago a Raquel com as mandrágoras trazidas pelo seu filho Rúben).

Esse era o nome do nono filho de Yaakov (quinto filho de Lia). A tribo de Issacar era formada pelos descendentes, através de quatro famílias principais: *Os filhos de Issacar: Tola, Puva, Jó e Sinrom.* (Gn: 46,13), (Nm: 26,23-25).

Quando foi feito o recenseamento em Yisrael, Issacar contava com 54.400 homens.

O que fazia deles a quinta mais populosa tribo de Yisrael. (Nm: 1,28-29). No segundo recenseamento, esse número já havia aumentado para 64.300 homens, o que fazia da tribo a terceira mais numerosa.

Quando o povo de Yisrael marchava pelo deserto, Issacar posicionava-se a leste do Tabernáculo. Essa posição era compartilhada por Judá e Zebulom. (Nm: 2,3-8). Nesse tempo, o líder da tribo era Natanael, Filho de Zuar. (Nm: 1,8).

O cântico triunfal de Débora menciona a tribo, cujos homens participaram da batalha contra Sísera. Essa batalha teve lugar na planície de Issacar. Um dos benefícios dessa vitória é que foi obtida uma passagem livre entre os Israelitas da região montanhosa de Efraim e os Israelitas que viviam na Galileia.

A fronteira oriental da tribo de Issacar era o Rio Jordão. Para oeste, esse território estendia-se exatamente até meio caminho para o Grande Mar, ou Mar Mediterrâneo. Compreendia a totalidade da planície de Esdrelom e os distritos circunvizinhos, e era considerado o celeiro de "Yisrael". O território de Manassés fazia fronteira com o de Issacar a oeste e ao Sul.

10. TRIBO DE ZEBULOM

Significado de Zebulom: "honra" e "o Eterno me concedeu excelente dote".

É Nome do sexto filho de Lia e décimo filho de Yaakov "Zebulom". Presente dado pelo noivo.

A tribo de Zebulom era a quarta maior tribo, tanto no começo quanto no final da peregrinação pelo deserto. (Nm: 1,31), (Nm: 26,26).

Em listas das 12 tribos, Zebulom normalmente segue Issacar (Nm: 1,9; 2,7), mas na bênção de Moisés, Zebulom é mencionada primeiramente. (Dt: 33,18).

A herança tribal de Zebulom é descrita em (Js: 19,10-16). Seu território ficava na extremidade norte do vale de Jezreel, ao norte de Manassés, e de Issacar e ao sul de Aser e Naftali. Tanto (Gn: 49,13) e (Dt: 33,19) associavam Zebulom com o mar. Talvez seja essa a referência básica ao comércio entre o Mar Mediterrâneo e o Mar da Galileia, que enriqueceu a tribo de Zebulom.

Zebulom foi uma das tribos que conseguiu expulsar os cananeus (Jz: 1,30), mas seus guerreiros foram altamente elogiados por sua bravura nas vitórias sobre Sísera e os cananeus. (Jz: 4,6).

Quando Davi se tornou rei de todo Israel, Zebulom enviou-lhe um grande contingente de 50.000 soldados e amplas provisões. (I Cr: 12,33-34).

A tribo de Zebulom é mencionada como Naftali contemplada com a honra de receber "YeshuaHaMashiajh" quando de seu advento.

> *Mas, para os que estavam aflitos não haverá mais obscuridade. No passado ele tornou desprezível a terra de Zebulom e Naftali, mas nos últimos dias a enobreceu junto ao caminho do mar, além do Jordão, a Galiléia das Nações. O povo que andava em trevas, viu uma grande luz; sobre os que habitam na região da sombra da morte resplandeceu a luz (JesusCristo, o Messias). (Is: 9,1-2).*

11. Tribo de Benjamim

Significado de "Filho da mão direita".

O Eterno ouviu o pedido de Raquel e lhe concedeu outro filho, mas ela morreu em razão da palavra de maldição lançada por Yaakov quando este questionava com Labão, *Não viva aquele com que achares os teus deuses...* (Gn: 31,32). Tratava-se do filho mais novo de Yaakov e Raquel.

A tribo de Benjamim estabeleceu-se em Canaã central (Js: 18,21-28) entre Efraim e Judá, mas não expulsou totalmente os cananeus.

A tribo de Benjamim, afamada por seus valentes soldados (Jz: 20,15), não era muito povoada, nem seu território destacado pelo tamanho. *Ali está a pequena tribo de Benjamim que os conduz...* (Sl: 68,27a).

O primeiro Rei de Yisrael confirma sua indicação, observando que vem da menor das tribos de Yisrael. (II Sm: 9,21).

Apesar disso, Adonai nos permite analisar, ilustrando o princípio de que "Ele", com frequência, ignora aqueles de alta posição e alcança os supostamente insignificantes.

(Dt: 33,12) E Benjamim disse: *O amado do Eterno Elohim habitará seguro com Ele; todo o dia o protegerá e descansará em seus braços.* O apóstolo Shaul, escrevendo à Igueret em Corinto, declarou que a própria mensagem da cruz é loucura para os que se perdem. (I Co: 1,18). Elohim escolheu usar pessoas que o mundo considera tolas, fracas e inconsequentes para comunicar a real mensagem do evangelho.

> *Pelo contrário, Elohim escolheu as coisas loucas do mundo para envergonhar os sábios, e escolheu as coisas fracas do mundo para envergonhar as fortes; e Elohim escolheu as coisas humildes do mundo, e as desprezadas, e aquelas que não são para reduzir a nada as que são. Para que ninguém se vanglorie na presença do Eterno.* (I Co: 1,27-29).

12. TRIBO DE JOSÉ

Era o Filho querido de Jacó.

José foi vendido por seus irmãos aos mercadores árabes, e posteriormente negociado como escravo no Egito. Na vida deste homem houve muitos altos e baixos, mas como todo homem de Deus foi honrado e recebeu a herança da parte de Deus. Os filhos de Yosef tiveram a sua porção de território na parte central de Canaã, no ocidente, e tudo indica que o território de Efraim e Manassés era comum. (Js: 16,17-14).

Eles não expulsaram os cananeus de suas cidades, embora os tenham subjugado. (Js: 16,10).

A região era bastante produtiva, de maneira que o povo desfrutava de vida próspera. Infelizmente, a medida da bênção material não encontrou correspondência no poder espiritual; pelo contrário, houve declínio e decadência. (Is: 28,1-4), (Jr: 31,18), (Os: 9,13; 10,11).

Chaves para Reflexão:

Creiam: Com Deus, tudo é possível. O vosso Pai sabe do que tendes necessidade, antes mesmo de pedirdes.

Quando você ama a Deus, você se ama e ama ao seu próximo. Então, você se torna o protegido especial de Deus.

Tudo que cada pessoa precisa na vida, para ter acesso a toda felicidade que a vida tem a oferecer, é ter Deus como sócio todas as horas existentes do dia.

Os Mestres da Grande Fraternidade Branca dizem que nossa vida é o que pensamos. Então, assim também cada qual é uma chispa da luz divina. Então, que tal somente pensarmos Luz constantemente, pensarmos em saúde, felicidade para nós e para um todo. Essa é sua parte chave na sociedade com Deus. Justo não acha, considerando tudo isso que seu sócio lhe oferece?

Deus está com você, do que mais você precisa?

Vós sois a Luz do Mundo.

Se tiverdes Fé como um grão de mostarda e disserdes para que esta montanha se transporte ela se transportará.

Então, o que pode ser impossível de se realizar? Mas, lembre-se que é preciso ter certeza do que se quer realmente. É preciso fazer o bem, se é o bem que se deseja.

E simplesmente dar sem esperar ou julgar.

Os ensinamentos do Bem-Amado Jesus Cristo são regras de Ouro, e para quem o segue vivendo os ensinamentos na própria vida lhe são entregues as chaves do Reino e parte do que está revelado aqui é prova disto, que deve ser usado para ativar estes dons divinos em cada um. Jesus, o Cristo, Mestre e Luz do Mundo, nos deu como essência de seus ensinamentos um megainstrumento para aqueles que quiserem aplicar na sua vida diária.

Ter todo o suprimento e ter diante de si os Caminhos abertos na senda da superabundância iluminadora da sabedoria que transcende a condição humana ou de mestre. Sua presença entre nós, sua mensagem cósmica é uma dádiva de Deus para o mundo. O Messias verdadeiro para quem quiser acessar. Este é o nosso objetivo de vida através de nossos livros.

EU TE DAREI AS CHAVES DO REINO DOS CÉUS: JESUS, MATEUS: 16,19.

O Segredo
dos Raios Divinos

Muitas histórias têm sido contadas a respeito dos raios cósmicos. Muito se tem apregoado a respeito da Hoste ascensionada. Muita coisa, fruto da imaginação dos não iniciados na Ordem, tem sido transmitida, iludindo muitos incautos e os levando ao absolutamente nada.

Sem saber como isso ocorre, incorrem em grande erro tais buscadores, os quais, a pretexto de se tornarem sacerdotisas ou sacerdotes da Grande Fraternidade Branca, se submetem a bancos escolares, onde após ouvirem atentamente as instruções, preparam-se no final para a tão sonhada iniciação.

Em mensagens canalizadas de forma autêntica e verdadeira, os Mestres Ascensionados e a Hierarquia têm alertado a Humanidade sobre os falsos professores, inclusive por intermédio da que foi chamada "Falsos Ensinamentos Desvelados" publicada por muito tempo em nosso site (www.crisostelar.com.br), pela qual os conhecidos "Irmãos dos Mantos Dourados" ministraram preciosa informação mostrando, ponto a ponto, quais as artimanhas da outra hierarquia.

Portanto, não tendo sido o bastante, vamos agora deixar sedimentado, de forma pioneira e em primeira mão, como funcionam os raios divinos, além dos conceitos primários que até agora haviam sido transmitidos (falamos dos verdadeiros) para que, na Luz da Verdade, todos os que buscam o conhecimento correto, de fonte correta, de origem conhecida, da hierarquia correta, possam se banhar e se banhando nela aproveitem os benefícios de sua utilização em suas vidas.

Esperamos que os leitores que tiverem acesso a este livro tenham este privilégio e possam receber as benesses deste saber, sem que o desvirtuem, porquanto se assim o fizerem, cada qual responderá por seus atos, não ao homem, mas ao Senhor.

OS RAIOS E AS HORAS

Sabemos que o dia, como o conhecemos na matéria, tem 24 horas, sendo que cada uma das horas tem 60 minutos.

Básico e elementar, entretanto por trás deste período, está o que chamamos de " Horas fracionadas", simbolizando o fracionamento do período de 24 horas de hora em hora, começando por primeira hora, segunda hora, e assim por diante. Vejamos a tabela e consideremos desde agora o trabalho individual de cada um dos raios.

Se nós temos 60 minutos, cada raio vai operar dentro deste período com a frequência total ou máxima. Assim, na 1ª hora do dia que nasce, ou seja, uma hora da manhã, a frequência é do raio do dia.

Vejamos o exemplo: Domingo: Dia do Raio Azul. Então, temos que na 1ª hora de domingo a frequência inicial é do Raio Azul; a 2ª hora é o 2º Raio, a 3ª hora, o 3º Raio; 4ª hora, o 4º Raio, e assim por Diante.

É bem tranquilo o entendimento. Sigamos.

Quando, entretanto, chegar às 08:00 horas, temos o que chamamos Horário da Mãe Divina. Neste período predomina a frequência do Arco-íris, ou seja, todos os raios divinos.

Ao chegar no horário das 09:00 horas, retorna ao raio do dia, e em nosso exemplo, o Raio Azul, e assim sucessivamente.

Após percorrer o ciclo do relógio, teremos o período das 20:00 horas às 21:00 horas, quando temos os raios gerais, para, às 21:00 horas, iniciar novamente com o raio do dia, e em nosso exemplo, raio azul.

Temos então, a divisão de 03 grupos compostos de 07 horas.

No período das 24:00 à 01:00 hora, temos os raios gerais.

Nos horários 21:00 horas, 22:00 horas e 23:00 horas, como também 09:00 horas, 10:00 horas e 11:00 horas, temos o trabalho da Trindade.

Muito bem. Sabedores deste processo, o que deve ser feito.

Quando se busca trabalhar com a força real e absoluta dos raios para maior eficácia em nossas vidas, o operador da Luz deve se preparar para o trabalho.

O preparo exige que 1 hora antes do trabalho se inicie os preparativos, não devendo ser feito de afogadilho, ou seja, às pressas, correndo. Lembre-se que para a Hierarquia não existe tempo e espaço.

Neste período de 01 hora, deve estar pronto, em estado de reflexão, no mínimo 15 minutos antes do início do trabalho de Luz, devendo ser iniciado 07 minutos antes, propiciando o ancoramento dos 07 raios e dos 07 chacras.

Quando se está trabalhando no horário de determinado raio, pode, se desejar, reservar um tempo para contemplação, entretanto, procurando não deixar pensamentos externos interferir.

Os Raios e Forma de Atuação

Existe na configuração divina o chamado Raio Primordial, que é de forma indelével, imutável (não modifica).

Este raio tem forma determinada expressa pela sua Luz, que pode ser em ondas, neblina, bombardeamento por esferas, chamas, calor ou ainda, feixes de Luz como setas. (Não abordaremos o aspecto de espada de Luz).

Deve ser dito que a forma Luz e a própria cor vão expressar o Raio de Missão, (ver nosso livro sobre o tema) bem como pode haver uma combinação de Luzes e cores para trabalho específico, mas uma abordagem que ficará para uma próxima oportunidade.

Cada raio cósmico tem uma expressão positiva, que traz a qualidade do raio com extrema facilidade e a expressão negativa, quando ocorre extrema dificuldade para a obtenção de determinada qualidade do raio.

Para um aproveitamento mais efetivo das energias superiores, deve ser entendido que:

1. Trabalhamos com o Mestre Ascenso, se a necessidade for mental, intelectual ou espiritual.

2. Trabalhamos como Arcanjo, se a necessidade for da área sentimental ou da própria alma humana, querendo dizer, quando se referir ao campo material, humano.

3. Trabalhamos com Elohim se o trabalho for necessário para a esfera dos elementais (natureza e tudo o que se refere a ela, na matéria), especificamente em causas humanas ambientais.

Para que haja melhor aproveitamento ainda de todas as energias e o trabalho desenvolvido deve-se ter em mente:

a. Período da manhã: quando algo ainda não foi manifestado, apesar do propósito.

b. Período da tarde, quando o objeto já está em desenvolvimento.

c. Período da noite, quando já está desenvolvido, amadurecido ou está para atingir a plenitude (concretização final efetiva).

COMO A ENERGIA DOS RAIOS SE CONVERTE EM PODER ATRAVÉS DA CORRETA QUALIFICAÇÃO

A principal substância de Luz eletrônica do Universo é atraída para a atmosfera da Terra através do Grande Sol Central. Ele é concentrado pelo MahaChohan, e dirigidas as facetas de toda a Natureza que estão abaixo de sua direção.

Por meio dos dirigentes dos Raios Divinos e de toda a expressão de sua Hierarquia, esta mesma energia é repartida como alimento espiritual nas atividades que ocupam aqueles membros da raça humana, que estão participando da evolução progressiva mediante o uso correto dos Raios Divinos.

A Hoste Angelical e o reino dévico são os condutores naturais e diretores dos grandes mares de energia que formam as condições climáticas do planeta. (como descrito anteriormente).

Chega ao homem o ponto em que, deve procurar sua autoiluminação (ninguém pode fazê-lo por você), realizando este ato pelo próprio poder existente dentro de si, dentro de sua própria corrente vital, a fim de que, como em um banco, vá até lá e a saque, quando precisar, utilize de forma correta, a molde e dirija a energia onde desejar. Quando trabalha da forma como explicado anteriormente, irá agregar a esse banco cósmico tudo que de bom conseguir fazer, tesouros nos céus, onde as traças não corroem e nem os ladrões roubam.

A energia do homem, então, flui através de seu coração, respondendo à sua força mental, a seus sentimentos corretos e ao seu poder (a própria chama trina atuando) de qualificar do mesmo modo que as paixões e os apetites do corpo o fazem.

A energia é dirigida por Deus para que obedeça aos Poderes Criativos do homem. A condição na qual se encontra o mundo hoje em dia é o resultado desta "obediência cega" da parte da energia, a exigência dos deuses e deusas embrionários e sem educação, que constituem parte da Humanidade que está lapidando o seu ser para a evolução.

Mas, olhando de outro modo, nesta obediência das energias há, por certo, as diretrizes apontadas pelo homem, onde se encontram a esperança e a redenção mais a liberação, porque somente requer o treinamento correto dos chelas sobre o uso correto das horas, das energias, dos próprios raios divinos, para desfazer os erros cometidos pela ignorância de seguir falsos mestres ou gurus e construir novos desígnios segundo a Vontade Divina.

Assim, a energia dos Raios Divinos é atraída nos horários apontados e qualificada por intermédio dos seguintes canais:

1. O Instrumento representado pela própria consciência (pensamento e sentimento do homem).

2. Pelo poder determinante da invocação precisa da Mente, do Ritual e da própria Palavra Falada (chacra da garganta).

3. Pelo Talismã das Formas Magnetizadas.

4. Pela utilização da correta Música das Esferas.

5. Pela estreita cooperação e interface entre Anjos, homens e elementais.

6. Pelo uso correto dos Fogos Sagrados contidos nos Raios Divinos.

7. Pelo devido propósito e utilização somente para o Bem.

8. Pelo desapego emocional e desalojamento do ego humano.

9. Pela prática do Amor Incondicional verdadeiro e absoluto.

10. Pela submissão à Vontade Deus, o propósito que os próprios Mestres conhecem e a que servem.

É, portanto, muito evidente, que para obter resultados benéficos através de qualquer dos canais assinalados, deve estar presente o aspecto da Harmonia Qualificada pela intenção do chela.

Conhecer, ousar, fazer e calar. Eis o Segredo do Sucesso e do Êxito. Não percam esta chave. Nunca.

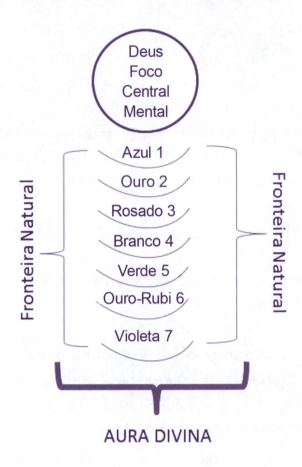

Instruções para os Rituais a Serem Realizados

Todos os iniciados, (iniciantes) devem se colocar a serviço do Supremo Criador pela enunciação do Nome Divino, por isto invocamos Arcanjos, Elohim, porque não estamos preparados ainda para suportar o impacto da energia tão poderosa. Estamos trabalhando por intermédio das Sefiroth. Assim os Guardiões praticantes tomam conhecimento das características principais da Árvore da Vida.

O Ritual e sua prática têm efeitos cabalísticos. Mexe com poderosos complexos no inconsciente e um trabalho sem uma segura orientação produz um verdadeiro curto circuito de energias. Pode provocar stress mental ou destruição da estabilidade mental ou doença física que se manifesta, se a prática do ritual for inadequada.

Oração: O Reino de Deus

Deus Universal, Única Luz, Única Vida, Único Poder, Tu, o Todo em Tudo, o além da expressão, o além da compreensão. Oh, Natureza! Tu, o algo, o nada. Tu, o símbolo da Sabedoria em mim e em cada um de nós. Nada Somos, mas em Ti cada um de nós É.

Eu Sou Eu, Eu e cada Um de nós vive em Ti. Vive Tu em mim e em cada um de nós. E da região do Eu conduz a mim e a cada um de nós à Luz Eterna. Amém.

Prece de Abertura para todos os Rituais

De Tuas Mãos, Ó Senhor, venha o Bem. De Tuas Mãos, flua toda a Graça e Bênção. Assim como os servos olham para o seu Senhor, que nossos olhos assim Te vejam, pois só Tu podes vir em nossa ajuda.

Ó Senhor, nosso Deus Tetragramaton. Que estejas comigo agora na Grande Obra, pois eu dedico totalmente a Ti. Guia-me e protege-me enquanto eu abro este Teu Templo.

Adoração e Reverência

Abra os braços e forme uma cruz aos quatro arcanjos
Sempre de frente para o Leste, diante de teu altar.
Adiante de Mim, Rafael.
Atrás de Mim, Gabriel.
À minha direita, Miguel.
À minha esquerda, Uriel.

Adiante de mim, flameja o Pentagrama. Atrás de mim brilha a estrela de seis pontas.

Aqui, amo, abençoo, agradeço aos quatro Arcanjos. (Acrescente agora uma prece com suas próprias palavras). Faça o movimento de unir as mãos em frente ao corpo como se estivesse fechando uma cortina. Proceda na seguinte oração da mesma forma.

As Quatro Adorações

Abra os braços para formar a Cruz Cabalística.

Aurora (amanhecer) – Leste de manhã. Volte-se para o leste e ore:

Santo seja. Senhor do Universo. Santo seja a quem a Natureza não formou. Santo seja, Vasto e Poderoso Uno, Senhor da Luz e da Obscuridade.

Ao meio-dia (Pino) – Volte-se para o sul e ore:

Fotelece-me, e me inspira, Ó Senhor da Vida. Que minha vontade e meu coração possam sempre aspirar Tua Força e Estabilidade. Dá-me ânimo ante as vicissitudes, pois no coração do forte só habita a coragem.

Ao Crepúsculo (cair da tarde) – Volte-se para o Oeste e ore:

Glória a Ti, Ó Senhor da Vida, pois a Tua Alegria expande-se até os confins do Universo. Que a minha mente se abra para o mais alto. Que o meu coração seja um centro de Luz. Que o meu corpo seja um Templo do Espírito Santo.

À Meia-Noite – Volte-se para o Norte:

Ó Senhor do Universo, que a Tua Luz brilhe adiante de mim para iluminar a minha escuridão. Conceda-me a ajuda do meu mais alto gênio, a fim de que possa sentir o Teu Trono de Glória, o Centro do mundo, da Vida e da Luz.

Amém! Amém! Amém! Amém!

RITUAL

Posição em Pé. Reze o Pai Nosso, tocando as partes do corpo correspondentes da oração.

1. Toque o Alto da Cabeça com a mão direita e diga: Pai Nosso que estás no céu
2. Toque a face esquerda e diga: Santificado é
3. Toque a face direita e diga: O Teu Reino vem
4. Toque a garganta e diga: A Tua Vontade é feita
5. Toque o Alto da cabeça e diga: Como no Céu
6. Aponte para os pés e diga: Assim na Terra
7. Toque o ombro esquerdo e diga: Dá-nos o pão da nossa necessidade diária
8. Toque o ombro direito e diga: E deixa-nos sermos
9. Toque o centro do peito e diga: Assim como favorecemos a serenidade dos outros.
10. Aponte para área genital e diga: Pois Teu é o Reino
11. Toque o quadril esquerdo e diga: E o poder
12. Toque o quadril direito e diga: E a Glória
13. Toque novamente o topo da cabeça e diga: Até o fim do Universo, de todos os Universos.

Amém!Amém!Amém!

Siga a sequência de números de acordo com o Ritual

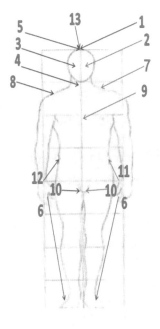

Oráculo

Os Raios Divinos na Adivinhação

Poderá praticar a qualquer momento. É necessário que escolha um local adequado, que pode ser onde você pratica suas orações.

Poderá mantê-los em cores através de lâmpadas, pinturas, cortinas, ou o que melhor seja para adquirir e manter.

A Escolha das Cores para Preparar o Ambiente

Consulte uma tabela de cores.

Primeiro exercício de adivinhação com os Raios

Você vai precisar recortar a estrela de 12 pontas dos Raios. Você vai precisar de 12 envelopes com visor. Coloque os triângulos dentro de cada envelope e feche-os. Vire os visores para baixo e os misture. Antes de se deitar, pegue um dos envelopes ao acaso e os coloque embaixo do seu travesseiro. Não olhe. Não veja a cor. Quando perceber que o sono está chegando, se conseguir escreva a cor que sentiu ou intuiu em um papel e durma. Não confira.

Pela manhã, escreva de novo a cor que você sente e as sensações, pensamentos, sentimentos a ela associada. Não importa se é diferente daquela que anotou anteriormente, antes de dormir. Não se preocupe. Olhe no visor do envelope a cor. Pronto, talvez tenha três opções de cores para se orientar no geral a cor que intuiu antes de adormecer.

Ao acordar olhe a cor que estava no envelope. Verifique as tabelas dos raios que estão em ação, o significado, cada mensagem, a hierarquia que rege cada um dos raios e poderá contatá-los por decretos, chamados de agradecimento e pedidos de auxílio, pois observe e medite nas mensagens que eles têm para você, através do significado e na missão que eles representam. Poderá repetir o exercício sempre que quiser uma orientação espiritual.

Segundo exercício de adivinhação com os Raios

Embaralhe as 12 cartas com os triângulos coloridos. Depois as coloque viradas para baixo, uma ao lado da outra sobre a mesa à sua frente.

Agora da esquerda para a direita, sinta cada uma e tire três de onde quiser. A primeira coloque à sua esquerda representando nova situação; a segunda coloque no centro, representando ação e a terceira coloque ao lado direito, representando situação atual. Em seguida, vire a que está à sua direita e interprete com ajuda das tabelas. Depois a do centro e por último a da esquerda. Você tem assim orientação dos raios para a situação atual, quais decretos e a que hierarquia você deve pedir auxílio, o mesmo para agir e para a nova situação que deseja.

O Poder dos Doze Raios Cósmicos e seu Triângulo de Missão

Terceiro exercício de adivinhação com os Raios

TABELA DOS RAIOS	
Raio Azul-Anil	Mutabilidade, impulsividade, depressão, ambição, dignidade, vontade e Poder.
Raio Azul Água-Marinha	Saúde, compreensão, sinceridade, tranquilidade, compreensão, paciência.
Raio Amarelo	Persuasão, encanto, confiança, ciúmes, alegria, estímulo, conforto, intuição.
Raio Rosa	Amor, tolerância, piedade, sentimentalidade, caridade, misericórdia, julgamento, arbitragem, respeito, força.
Raio Branco	Pureza, clareza, paz, harmonia, pessimismo.
Raio Verde	Verdade, fertilidade, sorte, energia, crescimento, cura, finanças, idealismo, concentração.
Raio Rubi	Força, saúde, vigor, amor, sexual, perigo, caridade.
Raio Violeta	Tensão, poder, tristeza, piedade, sentimentalismo, depressão, recolhimento, inspirador, meditativo.
Raio Laranja	Encorajamento, adaptabilidade, estimulação, atração, plenitude, gentileza.
Raio Dourado	Saudações, esperança, opulência, felicidade, comunicação, sabedoria, aconselhamento.
Raio Opalino	Animador, desapego, carismático, intuitivo, iluminado, guia espiritual, cozinheiro, criativo.
Raio Magenta	Generoso, prestativo, oportunidade, alegre, vida, carinhoso, abundância, humor, extremamente criativo, extrovertido.

Como fazer:

Tranquilize-se e focalize a mente no que deseja saber. Segure os 12 triângulos coloridos. Embaralhe-os, segurando entre as mãos.

Mentalize o que deseja saber. Em seguida, retire 6 triângulos e posicione da seguinte forma para saber sua resposta: 3 futuro, 2 presente e 1 passado e leia as orientações para interpretação de sua pergunta.

MENSAGEM DOS 12 RAIOS PARA SUAS PERGUNTAS	
Raio Azul	Isso que você quer pode chegar mais cedo do que imagina. Só vai ser preciso ter calma e tranquilidade. *Reflexão:* Quais são as minhas prioridades? Em que parte do Universo eu devo concentrar minhas energias? Experiencie o renascimento.
Raio Amarelo	Para atingir seus objetivos, a luta vai ser árdua. É preciso lembrar, as coisas não caem do céu. *Reflexão:* Busque três maneiras específicas de ser uma bênção hoje. Abençoe alguém, em voz alta hoje.
Raio Rosa	Não tenha dúvidas de que vai precisar da ajuda de outra pessoa para a concretização dos seus sonhos. *Reflexão:* Quais são as oportunidades de amor e bondade que eu poderia fazer e aproveitar com mais frequência? Praticar hoje um ato de amor e bondade.

Raio Branco	Planeje o que você vai fazer. Com certeza conseguirá obter os melhores resultados em seus projetos. *Reflexão*: Qual o desejo ardente de meu coração que sobe ao Céu como fumaça? Devo agir hoje plenamente como meu desejo.
Raio Verde	Para chegar aonde quer, a resposta é a humildade. Cultive-a e tudo vai se encaminhar bem. *Reflexão*: O que a pequena voz silenciosa de Deus está me dizendo hoje? Diga várias vezes hoje para Deus: Eis-me aqui...
Raio Rubi	Seus esforços vão ser reconhecidos por superiores, para isso vai ser preciso ter paciência. *Reflexão*: De que maneira posso me conectar com os planos de Deus? Hoje mesmo procure manter conexão com a rede da vida.
Raio Violeta	Você vai conseguir realizar seus objetivos. Os desafios existem para serem superados, lembre-se disto. *Reflexão*: O que realmente é importante para mim? Elimine hoje mesmo algo que não o deixa descansar em paz ou permite que avance.
Raio Água-Marinha	Para alcançar os degraus do sucesso, vai ter de confiar mais em você mesmo(a). Não vacilar. *Reflexão*: Por qual transformação estou passando? Hoje mesmo busque o novo, algo que te faça sentir atravessando um portal em direção a novos inícios.

Raio Magenta	Coloque em prática seus sonhos com sua força de vontade e amor. O sucesso é mais do que merecido. *Reflexão:* Pense em tudo o que já superou e no que precisa superar. Plante hoje mesmo uma semente, proteja-a e cuide dela.
Raio Dourado	É preciso que tenha em mente o que quer para não dispersar seus objetivos. Canalize energias. *Reflexão*: Qual a melhor forma de concentrar energias para aproveitar a onda de oportunidades? Inicie hoje mesmo um passo rumo ao futuro e ande com Deus.
Raio Laranja	As coisas vão acontecer como deseja, mas vai precisar se esforçar mais. Corra atrás. Não fique parado. *Reflexão*: Qual é o meu dom pessoal? Como posso ofertar o brilho que somente eu posso dar à vida? Comporte-se como Rei ou Rainha autêntico, original, filho(a) de Deus e trate as pessoas da mesma forma.
Raio Opalino	Seja paciente e prudente. Se você se precipitar, é possível que não consiga realizar aquilo que deseja. *Reflexão*: Qual é o meu real desejo? Como ir em direção ao desejo de meu coração? Experimente hoje mesmo executar um projeto de trabalho ou algo que esteja adiando. Mova-se.

Numerologia e Cronologia dos Raios
(Usar ou Mentalizar seu Raio Pessoal a Cada Dia da Semana)

Dica Nº O1

Cada dia da semana possui seus raios, suas qualidades divinas a serem trabalhadas, mas pode-se, para melhor desempenho, descobrir a energia do raio que está vibrando para você e as dicas para o dia em questão, totalmente particular.

Você só precisa somar o dia de seu nascimento com o dia atual. Exemplo: 08 + 12 = 20 = 2. Dia pessoal do exemplo é 2º Raio, quer dizer para esta pessoa nascida no dia 08 e 12 no momento atual, que deve usar ou mentalizar a cor amarela, fazer orações à hierarquia deste raio e ler a mensagem correspondente a este raio.

Dica Nº O2

Da numerologia básica temos os valores numéricos das letras do alfabeto, que para mim correspondem aos raios secretos.

Escreva seu nome e descubra qual o raio e a hierarquia que corresponde ao seu nome de batismo e também à vibração que você adquiriu com o nome de casada (casado). Procure manter-se dentro dos 12 raios quando operar os dígitos. Quando passar os 12, reduza até um dígito.

Observe seu nome, qual o raio que somatiza e a vibração do raio ausente, e use roupas na cor que falta em sua aura ou pedras roladas em contato com seu corpo. (brincos, pingentes, anéis, pulseira, etc.). Assim você recupera as cores e a energia para fortalecer sua aura. O que somatizar, estando em excesso, evite tais raios ou cores. Não deixe de usar, apenas use com moderação.

TABELA CABALÍSTICA PARA A NUMEROLOGIA
(PARA ENCONTRAR OS RAIOS DO SEU NOME DE BATISMO)

1	2	3	4	5	6	7	8
A	B	C	D	E	U	O	F
I	K	G	M	H	V	Z	P
Q	R	L	T	N	W		
J		S			X		
Y					Ç		

Vejamos o exemplo a seguir:

M A R I A   D O   C A R M O
4+1+2+1+1 + 4+7 + 3+1+2+4+7 = 37
3+7 = 10
1+0 = 1

O Triângulo Cósmico Divino

Apresento aqui, como elaborar o seu Triângulo Cósmico. Alguns exemplos de Triângulo Cósmico de Alunos da Luz. Com seus cálculos reduzidos de dia, mês e ano em que nasceram para análise prática de unificação e interpretação do Triângulo e seus Raios.

É importante que todos estejam conscientes que o Raio de manifestação é o elo entre todos os Raios. Todos chelas devem alinhar seus chacras constantemente, fazer meditações. Sugiro, inclusive, os CDS dos Raios e os CDS reativação da Memória Estelar e a Religação de seu Raio Cósmico de Missão. Vai auxiliar muito no caminho evolutivo.

Como encontrar seu Triângulo Cósmico

Como encontrar seu Triângulo Cósmico e os regentes de uma pessoa nascida no dia 22 de outubro de 1958.

Pertence ao Coro de Anjos. Signo de Libra. Arcanjo Haniel. Salmo 120. Planeta Vênus.

Horário: 21h10 ou 09h10.

Dia 22 = 4 – Arcanjo Gabriel. Anjo Haiaiel.

Mês 10: Arcanjo Tzaphkiel.

Mestre Ascenso KenichAhan.

Ano 1958 = 23 = 5 – Arcanjo Rafael, Raio Verde.

Seu Raio de Missão:

1º Raio, Azul. (Melhores informações acerca de sua missão, você poderá obter no Livro *Raio Cósmico de Missão*).

Raio de Manifestação: 4º Raio. Branco.

Assim unifique todas as informações sobre você: dia, mês, ano, signo.

É só seguir o exemplo:

Raio de Manifestação: 4º Raio Branco. Mestre Seraphis-Bey e Hierarquia de Libra. Elemento: ar. Incenso: Cedro, Rosas. Perfume: Gálbano. Pedra: Citrino. Letra Sagrada: Yud. Raio de Libra: Rosa, Floral: Algodão + abundância+Abricot. Cavaleiro Valente: Sir Parsival.

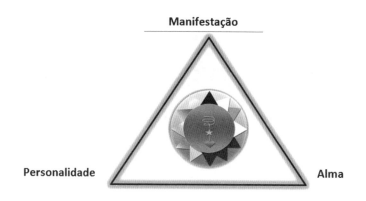

Raio da Personalidade: 10º Raio Dourado. Arcanjo Tzaphkiel. Mestre Kenich Ahan.
Raio de Alma: 5º Raio Verde. Arcanjo Raphael. Mestre Hilarion.

Outro Exemplo

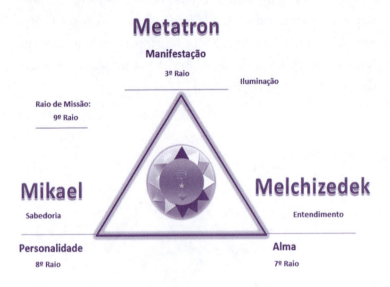

NOME: BABI nasceu no dia 21/08/1996 ==> = 36 /9.
21= 3 08 = 8 1996 = 25/7

Seu Raio de Manifestação é o 3º Raio. Seu Raio da personalidade é o 8º Raio (Água-marinha com turquesa) e seu Raio de Alma é o 7º Raio. Seu Raio de Missão é o 9º Raio. (Magenta com lavanda).

Na manifestação ela é um Raio Rosa, quer dizer, que ela possui a substância fundamental para todas as atividades que ela vem desenvolver nesta vida, pois o Amor é suficiente em si mesmo e sua natureza é coesiva. O rosa em seus vários matizes desde o pálido até o magenta é empregado para penetrar onde a força absoluta poderia abalar o seu ser, fragmenta padrões que obstruem o interior ou o eu Amoroso da Babi, assim ela consegue induzir a atividade de seu Eu Superior que é o AMOR utilizando ao redor das pessoas zangadas ou cheias de ódios de maneira natural, ou seja, sua aura é repleta dessa energia, assim sendo ela só manifesta. Para consagrar a missão da Babi é no Raio Magenta. Concede a ela o alimento espiritual, a radiação da vitalidade espiritual da tranquilidade, da cura. É uma fornecedora e mantenedora da Paz, contudo é suave. Ela deve exercer funções que curam e todas as profissões em que a devoção, a piedade, a compaixão, o perdão são necessários.

Sua personalidade vibra no 8º Raio. Isso lhe confere poder, abundância, vontade, opulência. Possui um poder tremendo, semelhante a uma espada ou a uma flecha de luz, como eletricidade, sendo forte e protetora, embora sua força seja iminente em nível do corpo Causal da 8ª Dimensão. Com as qualidades do 8º Raio em sua personalidade ela pode se partir, fragmentar substâncias em diferentes densidades no uso da purificação, transmutação e manifestação, agindo por meio da garganta e da cabeça.

Na alma, possui vibração do 7º Raio. Este é o Raio mais ativo, e promove nela a Alquimia Divina. É o raio que governa todo cerimonial mágico, provocando sentimento de liberdade, bondade, purificação e redenção, a transmutação consciente ou requalificação da substância. É o raio com a cor do domínio sobre o plano físico e constitui a graça da cristandade. Seu domínio está no corpo etérico, agindo por meio do umbigo e do plexo solar, facilitando a colaboração com seu Eu Superior e a aliança nesse sentido. É o Raio do Sacerdócio, conferindo tal aptidão, como governa o cerimonial mágico, como na tradição druídica (herança de Atlante).

Esta é uma interpretação do Triângulo Cósmico de Babi. Você seguirá os passos para fazer seu Triângulo Cósmico, usando seu potencial intuitivo, sua visão superior ou seguindo em aliança a todas as informações neste livro contidas e no Livro *Seu Raio Cósmico de Missão*, que contém informações e respostas. Não se esqueça de manter uma aliança com Deus, o Grande Pai e com toda a hierarquia correspondente aos seus raios. E permita-se simplesmente ser feliz como um ser abençoado que é por ser um herdeiro(a) de Deus.

3º EXEMPLO:

Para melhor entendimento dos Raios em seu Triângulo Cósmico, esta tabela contém os Signos e os raios regentes planetários em nível de manifestação, nível de personalidade e nível de alma.

Signo de Áries: Raios de manifestação 1º e 7º. Planeta Marte. Raio de Personalidade: 6º Raio. Raio da Alma: 4º Raio. Planeta Mercúrio.

Portanto, as pessoas que possuem este Triângulo Cósmico nasceram para desenvolver o poder de manifestar e expressar a Vontade de realizar, de servir a Deus, como um verdadeiro soldado da Luz no Ofício de Cristo e chegar à unidade do ser através de muitos esforços, vencendo os conflitos internos e externos, conquistando a Harmonia Divina. O caminho que deve seguir é o caminho da inteligência admirável; é o caminho da Luz, que as faça compreender o princípio. É o caminho da Coroa Suprema. Este é um exemplo de como pode acrescentar informações no seu Triângulo Cósmico pessoal.

Exemplo para Todos:

Manifestação – Significa: Pilar da Iluminação. O protetor desse Pilar é o Grande Arcanjo Metatron.

Personalidade – Significa: Pilar da Sabedoria. O Protetor desse Pilar é o Príncipe da Milícia Celeste – Michael.

Alma – Significa: Pilar do Entendimento. O Protetor desse Pilar é o Grande Senhor Melchizedek.

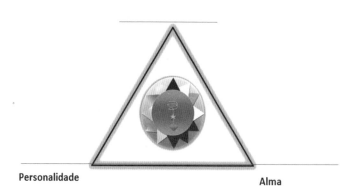

RITUAIS OU CERIMONIAIS

RITUAIS QUE ACESSAM OS 12 RAIOS OU 12 REINOS DOS CÉUS

O primeiro processo ritualístico será para estabelecer uma ligação entre você e a força criadora do Universo. É importante compreender que as forças simbolizadas pelos raios são para fazer parte da realidade humana, para tornar acessível e funcionar independentemente da personalidade e da consciência humana, formando um arquétipo de inconsciente coletivo, para que se atinja um equilíbrio perfeito em áreas de interesses diferentes, como é cada personalidade e a psique humana. O resultado fundamental é alcançado trazendo essas forças para a Terra por intermédio de um canal de luz, que na hora de operar um ritual o é, um canal de luz a serviço da vida para a Honra e Glória do Criador.

PREPARAÇÃO PARA OS RITUAIS

Reunir todas as informações dos raios ao qual você pertence: os elementos, dia e hora, os planetas, etc. É sempre conveniente e bom realizar os rituais na Lua Crescente ou Cheia.

O chela deve sempre procurar tomar um banho purificante antes da prática ritualística. Usar roupas claras, leves e confortáveis.

Relaxar a mente e o corpo.

PREPARAÇÃO DO ALTAR

Local limpo, iluminado, arejado, uma mesa, prateleira, algo que possa apoiar os objetos, as velas, incensos, turíbulo, carvão, vara de cristal, incenso puro. Se puder a toalha deve ser branca.

Coloque a foto de Seres de Luz que você gosta ou que corresponda à sua hierarquia e uma Bíblia. Uma taça de Cristal Azul.

Depois de tudo pronto, você seguirá os seguintes degraus:

No centro do local: Em nome da Toda Poderosa Presença EU SOU.

Consagre o local: Oração:

Deus Todo Poderoso, Senhor dos Luminares, EU SOU (diga seu nome de batismo), vosso (a) servo (a). Permita-me aproximar de Vós com Amor e Humildade. Imploro-vos de todo coração, me perdoe as inúmeras transgressões cometidas por mim. Concedei-me, Ó Senhor Pai de Todas as Paternidades, digne-se santificar este local preparado para Tua Honra. Que este local seja iluminado assim como minha mente pela Luz da Vossa Sabedoria. Eu, (nome) exorcizo este local pelo nome do Elohim Agla On Tetragrammaton, para que tudo que aqui se realizar seja guiado por energias puras, virtuosas, amorosas, por Tua Honra e Glória.

(Agora neste momento ajoelhe-se diante do Altar).

CONSAGRAÇÃO DO ALTAR

Em nome da minha Poderosa Presença EU SOU, eu faço este altar em nome de El Shaddai, Shaddai, Shaddai, o Todo Poderoso, para que a chama ardente, que queima no meu peito, me faça capaz de receber as bênçãos espirituais que desejo com todo o coração. Que esta chama ardente seja a chama do próprio Deus Sabaoth, Criador de Todo o Universo.

Ó Espírito Abençoado, Olho Espiritual de minha alma, para que eu seja liberto (a) da escuridão, esteja presente nos símbolos destes elementos:

Então coloque as velas correspondentes aos elementos e os pontos cardeais. Uma vela branca, simbolizando você. Pegue-a e batize-a: *Em nome da toda Poderosa Presença Divina EU SOU, eu* (diga seu nome de batismo) *te batizo per sancti nomine de El Elohim, Adonai, Sabbayoth, El Shaddai.*

Eu me coloco no coração deste altar, no centro da criação e recebo as virtudes do Onipotente, Onisciente, Onipresente Senhor do Universo.

Coloque a vela no centro. Em seguida pegue as velas correspondentes aos quatro arcanjos:

Leste, Arcanjo da Cura Raphael, Elemento Ar, incenso, cor da vela – verde. Acenda a vela. Imagine um poderoso ser vestido de luz amarela, na qual tremula a cor verde malva. Procure sentir mentalmente uma gentil brisa que sai ao redor dele em todo ambiente encantando você.

Oeste, Arcanjo Gabriel, o mensageiro de Deus, elemento água. Uma taça azul com água e uma vela branca. Visualize um ser vestido de branco, azul, tonalidades alaranjadas. Sinta a água cristalina em tons azuis fluindo em você e por todo o ambiente.

Sul, Arcanjo Miguel, o Perfeito em Deus. Relacionado ao elemento fogo, vela vermelha formando um triângulo piramidal ou comum mesmo. Visualize um ser de luz com vestes vermelhas brilhantes, com vívidas tonalidades de azul e verde, uma grande espada de aço na mão direita e sinta o calor radiante que emana dela.

Norte, Arcanjo Uriel, a Luz de Deus, elemento terra. Um vaso com terra, plantas e folhagens. Vela amarela alaranjada. Visualize um ser de luz com vestes coloridas com partes sendo citrino, oliva, avermelhada e preta misturada. Leve nas mãos estendidas feixes de milho. Visualize um campo fértil com relva e trigo.

Com tudo ancorado, você coloca carvão no turíbulo e após aceso o incenso recite: [...] *que o incenso purifique e mantenha este santuário preparado a partir de agora em nome do Senhor Deus Todo Poderoso para Sua Glória.*

Pegue a sua varinha de cristal (aproximadamente 20 a 30 cm) e aponte formando um círculo mágico de proteção em torno do local onde se encontra o altar. Em nome da Poderosa Presença EU SOU, eu (diga o seu nome de batismo) traço este círculo de proteção.

Em nome do Santíssimo Senhor Deus Todo Poderoso Adonai Tsebayoth, Elohim, Jehovah, Gla, On Tetragrammaton, que este círculo seja um muro impenetrável para todas as forças nefastas. Que nada possa penetrar o círculo que representa a Onipotência do Senhor Deus Sabbaoth.

As Bênçãos de Invocação dos Quatro Arcanjos Guardiães

Toque no centro do círculo. Voltando-se para cada ponto cardeal e diga:

Em nome da Toda Poderosa Presença Eu Sou, eu (diga seu nome de batismo) conjuro as Torres do Sul, Mikael, Mikael, Mikael. Reconheço que Sou pecador(a) mas Te invoco o Teu Santo Nome pelo poder de Deus Onipotente. Te chamo e clamo humildemente em nome do Sagrado Tetragramaton, Tetragramaton, Tetragramaton, Senhor do Sul e do Fogo que a Sua Presença e Virtude abençoe esta prática ritualística..

Em nome de Teu Pai que está em segredo e da Divina Mãe, vem a mim, entra no mundo físico, torne-se visível, tangível diante de mim e se devido aos seus trabalhos cósmicos não possas assistir-me a este chamado, rogo-te Poderoso Senhor, envia-me teus celestes Anjos para auxiliar-me de acordo com a Justiça e a Misericórdia. Amém! Amém! Amém! Amém!

Repita esta mesma oração para todos os pontos, trocando o nome dos Arcanjos responsáveis. Sempre se volte para o portal que estiver chamando os Anjos correspondentes. No final afirme: Assiste-me gênios, Assiste-me. Levai as minhas súplicas. Sobre mim o pentagrama flamejante, no meio do peito a estrela de seis pontas flameja como escudo. Eu Sou o Coração dos quatro elementos, o Centro do Universo.

A mim desce o Poder, a Força, a Majestade, o domínio do Deus Onipotente e em mim reside a sua Onipotência. Oro ao Senhor Deus, para que acima de tudo fortaleça minha alma e o corpo contra os inimigos espirituais pelo sangue e justiça do abençoado e redentor, Vosso Filho Jesus Cristo. Através dele e em Seu Nome, imploro a vós que ilumineis as faculdades de minha alma, para que eu possa ouvir com os ouvidos, clara e inteiramente, e compreenda com o coração e assim afastar para longe de mim toda hipocrisia, relações enganosas, profanação, inconstância, leviandade.

Para que eu possa, por palavras e atos, me tornar vosso (a) servo (a) e resistir firme e inabalável a todos os ataques de meus inimigos corporais e ser testemunha contra as ilusões dos espíritos maléficos, com os quais não desejo nenhuma comunicação e nem tenho interesse neles. Que eu possa ser instruído (a) no conhecimento das coisas naturais e celestiais. Assim como agradou a vós dotar Salomão de Toda Sabedoria humana e Divina, porque ele desejou este conhecimento, agradou tanto a Vossa Divina Majestade, que eu também agrade e seja inspirado (a) com a Sua Divina Sabedoria e Fé.

Concedei-me Senhor, Poder e Força para realizar o trabalho em sua Honra e Glória e para servir e confortar o próximo, sem pretender magoar ou prejudicar alguém. Que eu possa continuar com meus esforços através de Jesus Cristo, Meu Redentor.

Amém! Amém! Amém!Amém!

*(Quando for realizar um trabalho em prol de alguém,
então se recita: "nós" ao invés de "eu").*

Todo este processo é para ancoragem de energias Divinas em seu local de meditação, tornando-o sagrado.

INSTRUÇÕES DE HARMONIZAÇÃO COM SUA HIERARQUIA

O mesmo modelo para todos os Raios, mudando a associação da Hierarquia.

Exemplo: Uma pessoa nascida sob o triângulo cósmico: Raios Branco, Dourado e Verde. Raio de Missão Azul, sob o Signo de Libra, Regente Arcanjo Hanniel, Planeta Vênus. Horário das 21h10 ou 09h10. Para realização do ritual em uma sexta-feira, Perfume ou incenso de gálbano (Libra) ou lentisco (Vênus), Vela Rosa ou laranja.

Acenda a vela que representa você. Então, acenda a vela do seu Anjo correspondente e diga: (tenha em mãos ou na ponta da língua os nomes de seus Anjos) *Eu te dedico esta chama, Venerável Arcanjo Hanniel e Gênio Ielamiah.*

Seguindo o exemplo da pessoa do signo de Libra, recite o verso (versículo) de seu salmo correspondente ao Anjo que está em sânscrito neste livro.

E diga a oração: *Eu* (diga seu nome de batismo) *Te Abençôo pelos nomes Sagrados do Pai... Da Mãe... Do Filho... E do Espírito Santo... Pelo Sagrado Tetragrammaton. Assiste-me e envia o Teu poder.*

Visualize uma Luz branca com raios dourados vindo em sua direção. Sinta sua divina presença paternal. Feche os olhos. Silencie e reforce os motivos e intenções da prática deste ritual.

Em Seguida, devem ser acesas as velas correspondentes ao seu Triângulo Cósmico completo e os Arcanjos serão chamados dizendo-se: *Ofereço estas chamas Veneráveis Arcanjos. Escuta-me e aceita minha oferenda em Ação de Graças.*

Agora, saudando e reverenciando com as mãos em sentido de pedido e oração diga:

> *Eu* (diga seu nome de batismo) *em Nome da Poderosa Presença de Deus Eu Sou, Em nome da Poderosa Presença Eu Sou dos Arcanjos, fortes e poderosos, Em nome do Senhor Deus, vos conjuro pelos nomes do Santíssimo Tetragrammaton, o Teu poder em nome do Espírito Santo, para que me assistam e realizem o meu pedido por conexão e harmonização com toda Hoste Angelical, que me foi enviada nesta existência para me assistir durante toda esta encarnação, em todos sentidos de minha vida* (se quiser especifique alguma área da sua vida que mais necessita de auxílio).

> *Poderosos e Veneráveis Arcanjos e Hostes Angélicas, eu vos peço em Nome da Chama Trina em meu coração e do meu Triângulo Cósmico pessoal, que veio do Criador, Nosso Pai e em nome Dele, que, com o Teu Poder, termine com meu suplício e me abasteça de Bem-Aventuranças* (ou de algo particular que você deseje colocar).

> *Faz com que eu possa ter uma vida digna e reconectado* (a) *com tudo que for do Altíssimo Senhor Deus, de*

forma que eu possa viver a vida para honrá-lo e glorificá-lo e louvá-lo, todos os dias desta minha existência.

Hostes Angélicas Sagradas, criadas por Deus Nosso Pai, para servi-lo e louvá-lo, auxilia-me a partir de agora. Ajuda-me a cumprir minha missão, a obra divina que o Pai espera que eu realize, pois assim os peço em Nome do Pai que Te criou. Uses o Poder de que Ele te investiu e resolva a minha situação ou realize a minha conexão.

Que eu, (diga seu nome de batismo) *seja preenchido (a) com Teu Poder. Pelo Santo Espírito de Deus. Amém! Amém! Amém! Amém!*

Eleve os braços em forma de cruz e sinta os Raios Luminosos e o Poder Virtuoso dos Veneráveis Arcanjos e Anjos penetrando por suas mãos. Sinta esta corrente de Luz e energia se intensificar quando você entoar o Mantra Gratidão, assim: Graaaaaaatiiiiidããããããããõ.

Esta forma destina-se a servir de modelo para todos os Triângulos Cósmicos.

Encerramento: Ajoelhe-se diante do altar e agradeça às forças evocadas e suas Hostes.

E com toda a fé, aceito que isto se realizou, as forças que foram invocadas, o ritual se cumpriu. Eu aceito com toda a Fé que meus propósitos foram realizados com plenitude.

Eu (diga seu nome de batismo) *vos agradeço amo, abençôo Forças Sagradas e Hostes Celestes, que me assistiram neste ritual de reconexão. Sejam abençoados pelo Pai de todas as Paternidades, o Senhor Deus e glorificados com a Paz e a Luz Eterna do Senhor Jesus, o Cristo, Luz das Luzes. Assim que todas as forças e energias presentes deixem este santuário, permaneçam Vossas Virtudes entre nós.* (ou comigo, caso você esteja só).

Amém! Amém! Amém! Amém!

Faça um agradecimento especial ao Altíssimo Senhor Deus do Universo, entregando toda sua confiança nele. Silencie por 10 minutos e após volte a viver na Terra, porém conectado (a) aos Céus Superiores, novamente em Luz.

Mantenha a Fé, a Perseverança, a Paz e a Luz, o Amor no caminho ao EU SOU O QUE EU SOU.

A partir deste ritual, os Arcanjos farão vibrar toda Ordem Angelical, aqueles que estão na sintonia do que você precisa e também os Anjos que estão na sintonia de seu próprio Anjo da Guarda, como parte da ressonância, vinda das Energias Primordiais do Universo através dos Raios e Seus Arcanjos.

Você poderá invocar Arcanjos, Anjos e suas Forças para atender às suas necessidades ou de outrem, seguindo os passos e o procedimento recomendado, o conhecimento da Hierarquia a eles que pertencem, as atribuições de cada Raio, Arcanjo e Anjo.

Acompanhe os exemplos de Triângulo Cósmico que já foram apresentados neste Livro.

Atrair as Chaves Fundamentais com Ajuda dos Arcanjos Amigos

Ritual do Perdão

MATERIAL NECESSÁRIO: Incenso de limpeza, vela branca, castiçal dourado, trajar roupa branca.

Dia do Ritual: Domingo, fase da Lua Crescente.

Arcanjo a ser invocado: Raphael, pois ele é que preside nesta esfera de Luz e os Anjos do Perdão.

Borrifar água e sal em todo o ambiente.

Escreva o nome das pessoas que te ofenderam. Ao lado do nome delas, a ofensa recebida em um papel liso, sem margens e utilize um lápis. Reserve (guarde).

O Ritual

Vestido (a) de branco, pés descalços e de posse da vela branca colocada em um castiçal dourado consagrado ao Sol. Um recipiente para algumas pedras de carvão acesos previamente. Distribua algumas folhas de louro, um pedacinho de cânfora, um pouco de mirra e olíbano para Deus. Direcione tudo ao portal do leste onde deve estar ancorado o altar. Vela acesa no altar.

Visualize uma luz branca envolvendo tudo à sua volta. Pegue a lista e leia todos os nomes e ofensas recebidas, dizendo em seguida:

No Sagrado Nome de Deus Manifestado na esfera do Sol e do Grande Arcanjo Rafael e os Anjos do Perdão, Eu (diga seu nome) perdoo estas pessoas de todo mal que me causaram e as entrego à Luz.

Peço perdão ao meu Criador por todos os meus erros e transgressões que cometi contra as Leis da Vida.

Rogo por suas bênçãos por toda a minha vida e pela vida de todas estas pessoas. Assim Seja.

Amém! Amém! Amém! Amém!

Em seguida, queime o papel na Chama da vela e coloque sobre o incenso que está queimando. Faça o Salmo 102.

Visualize-se e as pessoas, livres em Luz Branca. Deixe que a vela queime até terminar, assim também o incenso, e somente depois sopre as cinzas na terra, como tudo ou então embrulhe e jogue no lixo.

RITUAL DA RENÚNCIA AO LIVRE-ARBÍTRIO

Para devolver sua Vida e sua Vontade ao Criador, Senhor Deus.

Após o ritual do perdão, em uma quinta-feira, Lua Crescente, sob a regência do Arcanjo Kamael e Zadkiel e os Anjos do Desapego.

Como no ritual anterior, vestido(a) de branco, descalço(a) em ambiente previamente limpo, tendo borrifado água com sal ou aroma de limpeza, uma vela branca, estando voltado(a) para o Leste, e o carvão aceso no turíbulo, com incenso de olíbano, mirra, cânfora e hissopo. Acenda a vela e diga:

> *Em nome da Poderosa Presença EU SOU* (diga seu nome)*, Em Nome da Todo Poderoso Senhor Deus, o Criador do Céu e da Terra, Em nome da Poderosa Presença EU SOU dos Arcanjos Kamael e Zakdiel e os Anjos do Desapego, Eu* (diga seu nome) *entrego ao Criador a minha vida, a minha vontade e renuncio a todas as minhas aspirações humanas. Coloco meu destino, minha vida em suas mãos divinas com confiança plena, total reverência, sabendo que só o Senhor pode me conduzir no caminho perfeito da Iluminação e da realização.*

> *Sei que todas as minhas necessidades são supridas, mesmo antes de pedi-las e sei que tenho a Paz, Alegria, Amor, Prosperidade e Vitórias, todos os dias de minha vida. Assim Seja!*

Faça agora o Salmo 150:72. Encerre com 04 améns.

(Se você fez o pedido por escrito em papel branco, escrito a lápis, queime-o na vela. Coloque sobre a brasa do incenso e devolva à terra ou embrulhe todo o restante e jogue no lixo).

Ritual da Iluminação

Após os dois primeiros rituais.

Em um dia de domingo, Lua Crescente, local purificado previamente. Visualize uma Luz branca e Raios dourados, Vestido (a) de branco descalço (a). Voltado (a) para o leste. Doze (12) velas. Você precisará de 12 castiçais ou um recipiente de metal para a disposição das velas em forma de uma estrela de 12 pontas (configuração estelar) como mostra a capa deste livro. Velas das cores dos 12 raios, turíbulo, carvão aceso e olíbano, mirra, sobre a brasa.

Prepare tudo para não desperdiçar a energia das brasas e dos incensos. Disponha as velas nas posições, assegurando-se que os recipientes usados não oferecem perigo.

Então para dar início:

> *Em nome da Poderosa Presença EU SOU, Em nome da Poderosa Presença EU SOU dos 12 Chohan, dos 12 Arcanjos, dos 12 Elohim e a Hoste de Anjos da Luz Resplandecente, No nome do Todo Poderoso Deus Pai da Paz e da Luz Eterna, ao acender estas velas, estou acendendo a Luz de todas as esferas do meu ser e do ser Planeta Terra e sua Humanidade, para que a partir deste instante nos unamos a Deus e à Sua Luz resplandecente.*

Passe a acender as velas, primeiramente as que estiverem à sua direita de acordo com os raios dispostos na capa do livro. E diga:

Estou me sintonizando com a Luz Suprema doMacrocosmo, com a Alma do Universo, por esta Iluminação deixo para trás todas as minhas preocupações mundanas, fantasias, sonhos. Com o auxílio dos Arcanjos, Anjos, Elohim e Chohan dos 12 raios, o meu Espírito se ilumina, meus caminhos se iluminam. Deixo para trás o mundo material inferior e me proponho ao encontro com a Luz Cósmica que me sustenta e me supri em todas as necessidades.

Deixo toda a escuridão para trás, sofrimento, dor, ilusões, doenças, miséria. Aqui onde estou existe Luz, Perdão, Amor, Beleza, Redenção, Luz Crística. Aqui meu espírito, meu ser, minha mente e coração se acendem ao ponto cósmico da Luz Resplandecente. Aqui onde habitam os Anjos, eu sinto, eu vejo a manifestação do Criador e de todos os Arcanjos e Elohim que regem estas esferas de Luz e meu espírito e minha vida se acendem, mais e mais.

Respire profundo e calmamente e visualize no centro desta estrela o Sol, no meio de um resplendor ofuscante, onde tudo à sua volta desaparece na Luz reluzente e lentamente vai sentindo e visualizando uma mistura de luzes e cores, vivificando tudo em você, à sua volta, até que tudo se torna uma só Luz e Amor. Paz substitui todo sentimento, todo pensamento. A sensação é indescritível: Amor e Paz absolutos.

Agora onde você está é o Ponto de Luz de Deus, de onde você e todas as pessoas, o Planeta Terra, o Cosmos passaram a existir.

Esta é a Graça de Deus, o Criador, o Todo Poderoso, onde os Universos tomam forma, o átomo se divide em raios. Este lugar é o Tudo e o Nada. Este lugar é verdadeira realidade do ser. Este lugar é a manifestação suprema do Criador.

Sinta-se absorvido (a) pela Luz Divina, em que a consciência se mistura com a alma do Universo. Comprometa-se agora em ser um foco de luz. Irradie Luz para toda a Humanidade, para tudo à sua volta. Comprometa-se a ser um Embaixador (a) dos Anjos da Luz Divina Resplandecente. Onde quer que você esteja, ajude abrir as portas dos corações humanos para entrar a Luz de Deus que nunca falha.

Inspire e deseje ter uma vida luminosa, e com Fé seja Luz para sua vida e na vida de alguém ou de muitos.

Faça o Salmo 150:23 e 43, para aumentar sua Luz e sua vibração de irradiação de Luz.

Sele com 04 améns. Apague as velas ou as deixe queimar até o fim, se desejar.

Agradeça. Abençoe a Deus e a todos que lhe proporcionaram este ritual e seja enfim, uma Estrela a Brilhar.

As Quatro Adorações

Arcanjo Miguel – Arcanjo do Sul

O preferido de Deus.

Ao Sul relacionado com o Fogo.

Imaginar uma figura com vestes vermelhas brilhantes, com tonalidades verdes. Uma grande espada de aço, com línguas de fogo, é erguida em sua mão direita e deve ser sentido calor radiante que procede dela.

Ao Meio-Dia:

Fortalece-me e me inspira Ó Senhor da Vida. Que minha vontade e meu coração possam sempre aspirar Tua Força e estabilidade.

Dá-me ânimo ante as vicissitudes, pois no coração do forte só há coragem.

Amém! Amém! Amém! Amém!

Arcanjo Uriel – Arcanjo do Norte

A Luz de Deus.

Ao Norte relacionado com a Terra.

Vestido em verde com partes citrina, oliva-avermelhada e azul-índigo. Leva nas mãos estendidas feixes de milho.

Visualizar ao redor um Campo Fértil com relva de trigo.

À Meia-Noite:

Ó Senhor do Universo. Que a tua Luz brilhe adiante de mim para iluminar a minha escuridão.

Concede-me a ajuda do meu mais alto gênio a fim de que possa sentir o teu trono de Glória, o Centro do Mundo, da Vida e da Luz.

Amém! Amém! Amém! Amém!

Arcanjo Rafael – Arcanjo do Leste (Cura)

Relacionado com o Ar.

Imaginar uma poderosa figura vistosa de amarelo, que lembra a cor malva complementar. Sentir mentalmente uma gentil brisa que sai do redor da figura.

De Manhã:

Santo Seja Senhor do Universo, Santo sejas a quem a Natureza não formou.

Santo Seja, Vasto e Poderoso Uno, Senhor da Luz e da Obscuridade.

Amém! Amém! Amém! Amém!

Arcanjo Gabriel – Arcanjo do Oeste

Relacionado com a Água.

O Mensageiro de Deus.

Imaginar uma figura vestida de azul, em tonalidades alaranjadas complementares.

Manter alto uma taça de água azul. A taça é de cristal e a água é sentida por detrás da figura.

Meio da tarde. Crepúsculo.

Glória a Ti, Ó Senhor da Vida, pois a tua alegria expande-se até os confins do Universo. Que minha mente se abra para o mais alto.

Que o meu coração seja um centro de Luz. Que o meu corpo seja um Templo do Espírito Santo.

Amém! Amém! Amém! Amém!

Prece de Encerramento
após todos os Rituais

Para ti, Único Sábio, Único Poderoso e Eterno Uno, Louvor e Glória para sempre. Tu que permitiste que eu entrasse tão fundo no Santuário dos Teus Mistérios, não para mim, mas que Teu Nome seja a Glória, que minha mente se abra para mais alto, que meu coração seja um centro de Luz, que meu corpo seja um Templo do Espírito Santo. Eu fecho este templo com humildade, agradecimento e gratidão por Tua inspiração.

TABELA DOS 72 NOMES ANGÉLICOS ORIGINAIS DO NOME DE DEUS *Shemhamphora*

(Como está em textos antiquíssimos da Kaballah Sagrada)

Vehuiah	Leuuiah	Aniel	Mebahiah
Ieliel	Pahaliah	Haamiah	Poiel
Sitael	Nelchael	Rehael	Nemamaih
Elemiah	Ieiaiel	Ihiazel	Ieilael
Mahasiah	Melahel	Hahahel	Harahd
Lelahel	Hahuiah	Michael	Mizrael
Akhaiah	Nithhaiah	Vevaliah	Umabel
Cahethel	Haaiah	Ielahiah	Iahhel
Haziel	Ierathel	Saaliah	Annaurl
Aladiah	Seehiah	Ariel	Mochael
Lauiah	Reiiel	Asaliah	Damabiah
Hahiah	Omael	Mihael	Menkl
Ielael	Leoabel	Vehuel	Eiael
Mebahel	Vasariah	Daniel	Habuiah
Hariel	Iehuiah	Hahaziah	Rochel
Hakamiah	Lehahiah	Imamiah	Ilhamiah
Leviah	Chavakiah	Nanael	Haiaiel
Caliel	Monadel	Nithael	Meramaih

Tabela Simplificada para Localização do Anjo que está na Regência do Signo Zodiacal

DATA DO NASCIMENTO	SEQUÊNCIA	ANJO	SIGNO	GRAU
21/03 até 25/03	01	Vehuiah	Áries	0 a 4
26/03 até 30/03	02	Yeliel	Áries	5 a 9
31/03 até 04/04	03	Seitel	Áries	10 a 14
05/04 até 09/04	04	Alamiah	Áries	15 a 19
10/04 até 14/04	05	Mahasiah	Áries	20 a 24
15/04 até 20/04	06	Lelahel	Áries	25 a 29
21/04 até 25/04	07	Akaiah	Touro	0 a 4
26/04 até 30/04	08	Kahetel	Touro	5 a 9
31/04 até 05/05	09	Haziel	Touro	10 a 14
06/05 até 10/05	10	Aladiah	Touro	15 a 19
11/05 até 15/05	11	Laoviah	Touro	20 a 24
16/05 até 21/05	12	Hahaiah	Touro	25 a 29
22/05 até 26/05	13	Iezalel	Gêmeos	0 a 4
27/05 até 31/05	14	Mehabel	Gêmeos	5 a 9
01/06 até 05/06	15	Hariel	Gêmeos	10 a 14
06/06 até 10/06	16	Hakamiah	Gêmeos	15 a 19
11/06 até 15/06	17	Lauviah	Gêmeos	20 a 24
16/06 até 21/06	18	Caliel	Gêmeos	25 a 29
22/06 até 26/06	19	Leuviah	Câncer	0 a 4

Valdiviáh Lâtare e Márcos Latàre 〜 *173*

27/06 até 01/07	20	Pahaliah	Câncer	5 a 9
02/07 até 06/07	21	Nelchael	Câncer	10 a 14
07/07 até 11/07	22	Ieaiel	Câncer	15 a 19
12/07 até 16/07	23	Melahel	Câncer	20 a 24
17/07 até 22/07	24	Hahiuiah	Câncer	25 a 29
23/07 até 27/07	25	Nithaiah	Leão	0 a 4
28/07 até 02/08	26	Haaiah	Leão	5 a 9
03/08 até 07/08	27	Ierathel	Leão	10 a 14
08/08 até 12/08	28	Séheiah	Leão	15 a 19
13/08 até 17/08	29	Reiiel	Leão	20 a 24
18/08 até 22/08	30	Omael	Leão	25 a 29
23/08 até 27/08	31	Lecabel	Virgem	0 a 4
28/08 até 01/09	32	Vasariah	Virgem	5 a 9
02/09 até 06/09	33	Iehuiah	Virgem	10 a 14
07/09 até 11/09	34	Lehahiah	Virgem	15 a 19
12/09 até 16/09	35	Chavakiah	Virgem	20 a 24
17/09 até 22/09	36	Menadel	Virgem	25 a 29
23/09 até 27/09	37	Aniel	Libra	0 a 4
28 /09 até 02/10	38	Haamiah	Libra	5 a 9
03/10 até 07/10	39	Rehael	Libra	10 a 14
08/10 até 12/10	40	Ieiazel	Libra	15 a 19
13/10 até 17/10	41	Hahael	Libra	20 a 24
18/10 até 23/10	42	Mikael	Libra	25 a 29

DATA DO NASCIMENTO	SEQUÊNCIA	ANJO	SIGNO	GRAU
24/10 até 28/10	43	Veualiah	Escorpião	0 a 4
29/10 até 02/11	44	Ielahiah	Escorpião	5 a 9
03/11 até 07/11	45	Sealiah	Escorpião	10 a 14
08/11 até 12/11	46	Ariel	Escorpião	15 a 19
13/11 até 17/11	47	Asaliah	Escorpião	20 a 24
18/11 até 22/11	48	Mihael	Escorpião	25 a 29
23/11 até 27/11	49	Vehuel	Sagitário	0 a 4
28/11 até 02/12	50	Daniel	Sagitário	5 a 9
03/12 até 07/12	51	Hahasiah	Sagitário	10 a 14
08/12 até 12/12	52	Imamiah	Sagitário	15 a 19
13/12 até 17/12	53	Nanael	Sagitário	20 a 24
18/12 até 21/12	54	Nithael	Sagitário	25 a 29
22/12 até 26/12	55	Mebabiah	Capricórnio	0 a 4
27/12 até 31/12	56	Poiel	Capricórnio	5 a 9
01/01 até 05/01	57	Nemamiah	Capricórnio	10 a 14
06/01 até 10/01	58	Ieiael	Capricórnio	15 a 19
11/01 até 15/01	59	Harael	Capricórnio	20 a 24
16/01 até 20/01	60	Mitzrael	Capricórnio	25 a 29
21/01 até 25/01	61	Umabel	Aquário	0 a 4

26/01 até 30/01	62	Iah -hel	Aquário	5 a 9
31/01 até 04/02	63	Anauel	Aquário	10 a 14
05/02 até 09/02	64	Mehiel	Aquário	15 a 19
10/02 até 14/02	65	Damabiah	Aquário	20 a 24
15/02 até 19/02	66	Manakel	Aquário	25 a 29
20/02 até 23/02	67	Eiael	Peixes	0 a 4
24/02 até 28/92	68	Habuhiah	Peixes	5 a 9
29/02 até 04/03	69	Realiah	Peixes	10 a 14
05/03 até 09/03	70	Jamabiah	Peixes	15 a 19
10/03 até 14/03	71	Haiaiel	Peixes	20 a 24
15/03 até 20/03	72	Mumiah	Peixes	25 a 29

Existem 360 graus divididos pelas 12 constelações, portanto, cada um dos 72 anjos ocupa cinco desses graus durante o ano, ou seja 5 / 72 = 320.

Estes também são chamados na Cabala de Anjos protetores ou Guardiães.

Significa que cada ser humano possui seu anjo da guarda. É aquele que nos recepciona quando adentramos à tridimensionalidade e quando dela saímos, ou seja, em nossa despedida.

Na verdade há dois anjos: o primeiro, que rege as constelações ou o zodíaco, referente à data do nascimento individual; o segundo, que rege o período, a hora do nascimento. A cada 20 minutos há um revezamento na regência do planeta.

Tabela Simplificada para Localização do Respectivo Anjo que Segundo a Cabala Rege a Hora

HORA DO NASCIMENTO	ANJO	HORA DO NASCIMENTO	ANJO
00:00 a 00:19	Vehuiah	12:00 a 12:19	Aniel
00:20 a 00:39	Yeliel	12:20 a 12:39	Haamiah
00:40 a 00:59	Seitel	12:40 a 12.59	Rehael
01:00 a 01:19	Alamiah	13:00 a 13:19	Ieazel
01:20 a 01:39	Mahasiah	13:20 a 13:39	Hahael
01:40 a 01:59	Lelahel	13:40 a 13:59	Mikael
02:00 a 02:19	Akaiah	14:00 a 14:19	Veualiah
02:20 a 02:39	Kahetel	14:20 a 14.39	Ielahiah
02:40 a 02:59	Haziel	14:40 a 14:59	Sealiah
03:00 a 03:19	Aladiah	15:00 a 15:19	Ariel
03:20 a 03:39	Lauviah	15:20 a 15:39	Asaliah
03:40 a 03:59	Hahaiah	15:40 a 15:59	Mihael
04:00 a 04:19	Iezalel	16:00 a 16:19	Vehuel
04:20 a 04:39	Mehabel	16:20 a 16:39	Daniel
04:40 a 04:59	Hariel	16:40 a 16:59	Hahasiah
05:00 a 05:19	Hakamiah	17:00 a 17:19	Imamiah
05:20 a 05:39	Lauviah	17:20 a 17:39	Nanael

HORA DO NASCIMENTO	ANJO	HORA DO NASCIMENTO	ANJO
05:40 a 05:49	Caliel	17:40 a 17:59	Nithael
06:00 a 06:19	Leuviah	18:00 a 18:19	Mebahiah
06:20 a 06:39	Pahaliah	18:20 a 18:39	Poiel
06:40 a 06:59	Nelchael	18:40 a 18:59	Nemahiah
07:00 a 07:19	Ieaiel	19:00 a 19:19	Iealiel
07:20 a 07:39	Melahel	19:20 a 19:39	Harael
07:40 a 07:59	Hahiuiah	19:40 a 19:59	Mitzrael
08:00 a 08:19	Nithaiah	20:00 a 20:19	Umabel
08:20 a 08:39	Haaiah	20:20 a 20:39	Iah-Hel
08:40 a 08:59	Ierathel	20:40 a 20:59	Anauel
09:00 a 09:19	Séheiah	21:00 a 21:19	Mehiel
09:20 a 09:39	Reiiel	21:20 a 21:39	Damabiah
09:40 a 09:59	Omael	21:40 a 21:59	Manakel
10:00 a 10:19	Lecabel	22:00 a 22:19	Eiael
10:20 a 10:39	Vasariah	22:20 a 22:39	Habuhiah
10:40 a 10:59	Iehuiah	22:40 a 22:59	Realiah
11:00 a 11:19	Lehahiah	23:00 a 23:19	Jabamiah
11:20 a 11:39	Chavakiah	23:20 a 23:39	Haiaiel
11:40 a 11:59	Menadel	23:40 a 23:59	Mumiah

Mensagem de Luz

Aqui estão reunidos os quatro principais rituais para sua Aliança com Deus, mas para conservar esta Aliança é necessário que siga as instruções e orientações contidas neste livro. Nesta obra é descrita principalmente a irrestrita obediência para com as Leis Divinas.

Deus revelou suas Leis e Mandamentos aos nossos Patriarcas para lembrar a Humanidade de suas obrigações ou suas missões, as quais estavam esquecidas por causa do chamado "pecado original". E as ideias dos Seres Ascensos, aqui semelhantes, são igualmente para relembrar a todos nós a nossa missão, uma vez que as Leis e os Mandamentos Divinos já haviam sido gravados no coração do homem, antes mesmo de serem gravados em tábuas de pedras.

O Amado Jesus, o Cristo, disse: *Não vim para abolir a Lei, mas para dar cumprimento pleno*. Durante toda sua existência terrena o Divino Mestre procurou interpretar os Mandamentos de forma tão especial para jamais serem esquecidos novamente, e ampliou os limites das Leis para que hoje nós pudéssemos realizar as coisas que ele fez ou ainda mais.

Muito bem, você vai fazer seu Triângulo Cósmico unido ao Seu Raio Cósmico de Missão. Você será a chave para uma existência de Luz.

Leia atentamente todas as informações que se acercam de você. Siga com perseverança as Leis de Deus, as quais o (a) ajudarão a transformar-se e a sua vida.

Mantenha a conexão com todos os Seres Iluminados. Concentre sua devoção na sua Aliança com Deus diariamente. Medite em tudo que você colheu a seu respeito por intermédio do Seu Raio e seu Triângulo Cósmico. Reconheça que aqui é seu lugar para fazer reparações e cumprir sua missão.

Seja o Senhor de seu destino e controle sua vida. Acredite. Você pode mudar. Com Deus todas as coisas são possíveis.

Assuma Consciência de quem você realmente é, e de que você é a Imagem e Semelhança do Senhor, o Eterno, e comporte-se como Ele, Ame-O sobre todas as coisas e ame tudo e a todos como a ti mesmo sendo paciente, generoso(a). Saiba que você pode realmente fazer e também desfazer. Criar e extinguir.

Escolha sempre fazer o Bem. Continue a expandir sua consciência e abrace o Universo, pois ele é seu.

Seja um cálice repleto de substância de Paz, Luz e Amor.

Eu Sou na Luz.

GLOSSÁRIO

GÁLBANO: Retirado de plantas como a umbelífera e da família do funcho, o gálbano é citado na Bíblia. Seu aroma é descrito como muito agradável no Eclesiastes. Esse perfume estimula a confiança, a harmonia, a paciência e favorece a cura, a iniciação espiritual e o conhecimento interior.

MIRRA: Goma resina originária da babilônia, ela é encontrada em vários arbustos da Somália, Etiópia, Sudão e do sul da Arábia. A mirra estava entre os presentes dos Reis Magos ao Menino Jesus.

Era uma planta muito usada no Oriente Próximo e no Mediterrâneo na fabricação de incensos, perfumes, remédios e também no embalsamamento. Hoje o seu óleo é utilizado em perfumes florais e orientais. Ela é indicada para estimular a compreensão, a estabilidade e a fertilidade.

OLÍBANO: Encontrado na Índia e em alguns países da África, o olíbano é uma goma-resina. Foi muito utilizado na Antiguidade para a confecção de incensos. Segundo o historiador grego Heródoto, o olíbano era queimado na Torre de Babel. Hoje, ele é usado na Igreja Católica. Além disso, entra na composição de perfumes orientais, cítricos e florais. O aroma está associado ao equilíbrio, à beleza, à devoção, à iluminação, à meditação, ao renascimento, à verdade, à santificação e ao êxtase.

LENTISCO-AMÁLCEGA: É o nome pelo qual se conhece o arbusto ou pequena árvore chamada Pistácia Lentiscus, pertencente à família das Anacardiáceas. É uma espécie típica da região mediterrânea. Cresce espontaneamente nas áreas mediterrâneas e é muito facilmente encontrada ao se passear pelas montanhas, incluindo-se os jardins do tipo mediterrâneo. E por suas próprias características vegetativas também é usada como planta ornamental em jardineira.

Referência Bibliográfica

LATARE, Valdiviah G. S. *O Seu Raio Cósmico de Missão*. São Paulo: Ed. Alfabeto, 2012

___. *Jerusalém, a Bíblia*, 3ª impressão. São Paulo: Paulus, 2004.

ZOHAR, *O Livro do Esplendor*, Ed. Polar.

___. *Livro dos Salmos; Salmos e Versículos de cada mês*. Ed. Maayanot.

___. *As Chaves para o Reino*. Ed. Pensamento.

SEFER, Yetsirah, *O Livro da Formação*, Ed. Sefer.

___. *Códigos Secretos do Universo*. Ed. Imago.

___. *Kabalah, o Caminho para a Liberdade Interior*. Ed. Pensamento.

Outras Fontes:

Canalizações feitas pela Autora

Outros produtos da autora

CDS dos 07 Raios:

Cada cd é uma emanação de Luz Divina dos Sete Raios, que emerge através do prisma da consciência do Cristo, que cada Mestre Ascenso, Arcanjo e Elohim forma a Grande Fraternidade Branca.

E estes cds contém instruções, decretos, meditações de cada raio. Uma grande oportunidade para todos que desejam ir ao encontro e dar cumprimento de sua missão na terra.

Conteúdo do CD

1- Invocação
2- Apresentação do Raio de Missão
3- Respectivo Raio de Missão
4- Arcanjo
5- Sobre o Elohim
6- Sobre o Mestre
7- A Mensagem do Mestre para o discípulo do Raio
8- Apelos e Decreto
9- Meditação para contatar a Hierarquia do raio
10- Música da Hierarquia do Raio

CD DE PRECES

São preces, invocações, apelos, decretos para todo Espírito da Grande Fraternidade Branca. Quando dirigimos nossas orações ao Deus Pai, ao Mestre Jesus, A Amada Mãe Maria, aos Mestres, Anjos, Arcanjos, elementais, aceleramos nesta hora nossos corações e elevamos nossos chacras e Luz de Deus dentro de nós.

As preces aqui contidas nos mantem reunidos continuamente aos céus, enquanto cumprimos nossa missão aqui na Terra.

É nossa melhor forma de expressar, nossa gratidão, ao Pai da vida, e toda hierarquia pela proteção e amor a nós dedicada durante toda a vida.

Amamos e abençoamos, agradecemos a todos que contribuíram com a elaboração destes cds e dvds.

CD MEDITAÇÃO DE CURA

Esta meditação e visualização das imagens, te propõe a receber todas as bênçãos provenientes dos esforços, orações e trabalho disciplinar da mente e das emoções e ainda propõe o despertar do Olho Onividente de Deus que tudo vê. Os olhos de Deus estão em ti, em mim, no mundo inteiro para elevar a perfeição na qual Deus nos vê. É o desejo de todos nós recuperar a Visão Divina e elevar a energia kundalini, elevar nossa vibração, ascender a luz de nossos chacras e de nossa consciência e vibrar na Lu do equilíbrio para uma saúde perfeita de nossos corpos.

DVD Religação do seu Raio Cósmico de Missão e seu Objetivo

Com imagens apropriadas e a meditação nele contida, visa a sua conexão com a Hierarquia Espiritual que te abraçou neste existência para te orientar, sustentar e abençoar na sua peregrinação pelo Planeta Terra.

Significa que esta meditação e imagens poderão leva-lo em contato com a presença do Eu Sou e. Quanto mais praticar a meditação, mais conectado e próximo da Hierarquia de Luz estará.

CD Reativação de sua Memória Estelar

Promove a sua conexão e emoção com suas próximas ações eu terão raiz na Luz que você é. Você traz após esta meditação uma iluminadora informação referente a seu próprio crescimento espiritual à tona. É uma transformação, quando sua alma se une a luminosa dimensão de luz de onde vem sua origem e essa luz é a felicidade sem fim; é a luz que faz com que você atraia novas oportunidades, ativa sua vida, suas forças, ativa seu sistema imunológico. É essa luz o espírito interno que desperta perseverança, otimismo. É a luz e combustível que te motiva procurar obter mais vida. O encontro com sua raiz te equilibra, te centra, te alinha, te nutre de volta ao Cosmos, te dá consciência que és um ser cósmico vivente em uma nave corpórea.

valdiviahlatare@hotmail.com

Conheça outros livros da Editora Alfabeto

Conheça outros livros da Editora Alfabeto

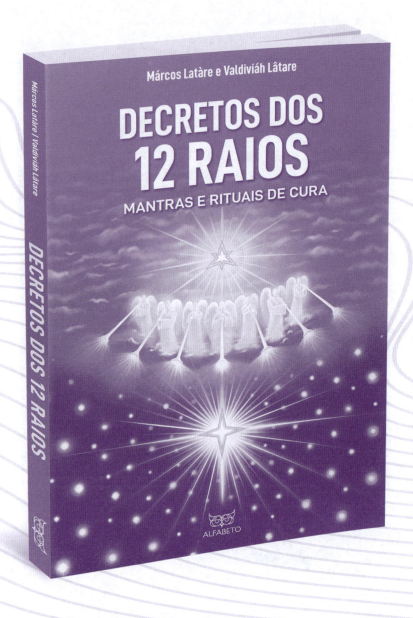